Bernadette Saphira Huber

So fühlen sich Engel an

Bernadette Saphira Huber

So fühlen sich Engel an

Deine Verbindung zur Engelwelt

SILBERSCHNUR VERLAG

Alle Rechte vorbehalten.
Außer zum Zwecke kurzer Zitate für Buchrezensionen darf kein Teil dieses Buches ohne schriftliche Genehmigung durch den Verlag nachproduziert, als Daten gespeichert oder in irgendeiner Form oder durch irgendein anderes Medium verwendet bzw. in einer anderen Form der Bindung oder mit einem anderen Titelblatt als dem der Erstveröffentlichung in Umlauf gebracht werden. Auch Wiederverkäufern darf es nicht zu anderen Bedingungen als diesen weitergegeben werden.

Copyright © 2015 Verlag »Die Silberschnur« GmbH

ISBN: 978-3-89845-474-2

1. Auflage 2015

Gestaltung & Satz: XPresentation, Güllesheim
Illustrationen: Bernadette Saphira Huber
Druck: Finidr, s.r.o. Cesky Tesin

Verlag »Die Silberschnur« GmbH · Steinstr. 1 · 56593 Güllesheim
www.silberschnur.de · E-Mail: info@silberschnur.de

Inhalt

Vorwort		9
1.	Der Engel der bedingungslosen Liebe	13
2.	Der Engel der wahren Größe	20
3.	Der Engel des Vergehens und des Neubeginns	27
4.	Der Engel der Ruhe	34
5.	Der Engel der Demut	41
6.	Der Engel der göttlichen Einheit	48
7.	Der Engel der lichtvollen Sehnsucht	55
8.	Der Engel der Erdung	62
9.	Der Engel der Heilung	69
10.	Der Engel der Lebensfreude	77
11.	Der Engel des lichtvollen Segens	84
12.	Der Engel der Schöpfung	90
13.	Der Engel des Friedens	98
14.	Der Engel des Spiegelblicks	106
15.	Der Engel des Glaubens und Vertrauens	115
16.	Der Engel des Dankes	123
17.	Der Engel des Verzeihens	132
Worte zum Ausklang		141
Über die Autorin		143

In diesem Buch

In diesem Buch erfinde dich ...
In diesem Buch verbinde dich ...
In diesem Buch erlebe dich ...
In diesem Buch erhebe dich ...
In diesem Buch bestrebe und vergib ...
In diesem Buch vergehe und entstehe ...
In diesem Buch, da lass dich wissend hoffen:
Die Himmelswelt ist da,
und ihre Kraft steht jedem offen.

In Liebe, Bernadette Saphira

Vorwort

Zu lernen, Energien wahrzunehmen und zu unterscheiden – das war einer der ersten wichtigen Schritte meines spirituellen Weges. Erst einmal bewusst alle Energien wahrzunehmen und dann zu erkennen, dass ich all die lichtvollen Energien, die mein Herz so tief berührten, immer in mir erfahren kann, wenn ich es will – nicht nur dann, wenn sie mir durch eine Begebenheit im Außen begegnen und geschenkt werden. Und ich lernte, dass die Begegnung mit Engelenergien kein zufälliges Geschehen ist, das allein die Engel initiieren, sondern vielmehr ist es ein Sichöffnen für deren unsagbar wertvolle Energien, die allezeit vorhanden sind und uns so gerne erfüllen, um durch ihre Kraft unseren Weg mitzugestalten.

Es gibt ein ganz gutes Beispiel, das ich oft verwende, wenn mich jemand fragt, wie er denn erkennen könne, auf welchem Weg er sei, wie weit er denn schon sei und ob er den richtigen

Weg gehe – wobei »weit« hier nur für »bewusst« steht und »richtig« nur für »lichtvoll«, denn kein Weg ist falsch, nur mehr oder weniger bewusst und mehr oder weniger dem lichtvollen Seelenplan entsprechend. Ich nehme dann als Bild eine Straße im Inneren, die man sich vorstellen soll, die jedoch aus reinen Emotionen und Gefühlen besteht. Wege, die größtenteils aus Angst, Zweifel, Wut, Neid, Missgunst oder Misstrauen bestehen, sind Wege, die uns nicht an lichtvolle Ziele führen können. So, sage ich dann, kannst du den Weg erkennen, auf dem du gerade gehst. Du kannst aber jederzeit abbiegen in Richtung des Ziels, dass du aus tiefstem Herzen und innig ersehnst, indem du eine andere innere Haltung gegenüber dem Leben einnimmst und lichtvolle Energien deine Gefühle heilen lässt, damit SIE deinen Weg gestalten.

Ich kann die Engel um alles bitten, ich kann flehen und weinen, doch ich muss den ersten Schritt tun und mich für ihr Wirken öffnen. Ich muss bereit sein, den Weg zu verändern und die Emotionen und Gefühle zu betrachten, die meinen Weg bisher gestaltet haben. Ich muss bereit sein, die innere Straße gegebenenfalls ganz abzureißen, und erst einmal riskieren, im Leeren zu stehen, alte Mauern einzureißen, die ich mir als Selbstschutz erbaut habe. Dann kann ich mit der lichtvollen Energie eines Engels den Weg in mir ganz neu erkennen, erbauen – und ich merke, wie die Schritte geführt sind und wie von selbst geschehen. Dann werden sich Türen öffnen, die zuvor mehr als verschlossen schienen. Dann werden sich Dinge fügen, die sich zuvor Lichtjahre entfernt und unmöglich erreichbar anfühlten. Dann ... denn wenn man mit den himmlischen Kräften lebt, ist alles möglich, es gibt kein Unmöglich – es gibt nur »zur rechten Zeit und am rechten Ort«.

Engel sind uns immer nahe, sie umschweben uns mit ihren kraftvollen Schwingen wie samtige Luft, die sich danach sehnt, von uns geatmet zu werden. Wenn wir die Energien dieser wundervollen Wesen einmal erkannt und begonnen haben, mit ihnen zu arbeiten, mit ihnen zu lachen, zu leben, wenn wir begonnen haben, in ihrer Energie zu SEIN, uns für sie zu öffnen, die Welt mit ihren lichtvollen Augen zu sehen, dann steht uns die Welt offen. Wenn nur jeder Mensch erkennen würde, wie sehr uns der Himmel beschenkt. Es ist meist das eigene Denken, mit dem wir uns selbst im Weg stehen – oft aus Angst ... bewusst oder unbewusst. Das Herz würde so oft den Weg erkennen, doch glauben wir ihm nicht – oder wir überhören seine zarte, intuitive Sprache gar. Lassen wir es wieder in den Vordergrund treten, und lauschen wir aufmerksam seinem Wissen. Glauben wir an den berühmten Satz: »Man sieht nur mit dem Herzen gut.«

Es ist Zeit, Verantwortung zu übernehmen, herauszutreten aus alten Dogmen, Zweifeln und Glaubenssätzen. Es ist Zeit, sie aufzuspüren, sich ihrer bewusst zu werden und sie loszulassen, indem wir die innere Straße wechseln, die innere Haltung dem Leben gegenüber ändern und uns für neue Wege öffnen. Indem wir annehmen, was uns zusteht. Dann treten wir heraus aus der Opferrolle. Stehen wir uns doch nicht selbst im Weg, sondern erfühlen und öffnen wir uns die Wege im Inneren bewusst, das neue Bewusstsein ist dafür da! Wir können Wege aus reiner Absicht betreten, aus einer Absicht, die keinen zu Schaden kommen lässt und auch in Form von Gefühlen niemandem Schaden sendet – uns selbst eingeschlossen. Das sind gesegnete Wege. Selbstliebe und Selbstannahme sind dabei große, heilende Aspekte.

Es stehen uns hierfür unendlich viele Lichtwesen zur Seite, ihr Wunsch ist es, unsere inneren Wege zu erhellen an all den Stellen, an denen das Licht noch fehlt, an denen uns ein Gefühl oder ein Gedanke quält. Erlauben wir ihnen den Zutritt zu unseren Herzen, von wo aus sie die Wege unsere Wege erfüllen und uns führen, mit und aus ihrer individuellen Qualität heraus. Übergeben wir die Gestaltung unserer inneren Wege den Lichtwesen, so wird der Weg auch im Außen heller. Helfen wir so als Lichtarbeiter mit, anderen den Weg zu erleuchten.

Es gibt keine Kraft, die außerhalb und unabhängig von dir sowie gegen dich arbeitet. Es gibt also keinen Grund, gegen als negativ empfundene Zustände anzukämpfen – und wenn, dann kämpfst du gegen dich selbst und gibst dem Teil von dir, der sich da schwer anfühlt, weil ihm der Lichtimpuls fehlt, noch zusätzlich Energie. Du erhebst ihn noch mehr zum vermeintlich starken Gegner. Wenn du dich aber dem Licht zuwendest und dich davon erfüllen lässt, wird sich zeigen, dass du bist, was du wählst zu sein, und dass da nie ein Gegner war außer dir selbst, der du unwissend Schattenspieler warst und dich vor deinem eigenen Schatten gefürchtet hast – obwohl du immer schon nur das Licht hättest anmachen müssen, um den Schatten zu erhellen ...

Fühle die himmlischen Energien, die sich dir in einem lächelnden Herzen offenbaren. Einen gesegneten und lichtvollen Weg!

Der Engel der bedingungslosen Liebe

Thema

- Kann ich bedingungslos lieben?
- Kann ich Liebe annehmen?
- Wer außer mir bedarf meiner Liebe besonders, oder welche Wunden bedürfen meiner Selbstliebe?
- Von was mache ich Liebe abhängig?
- Suche ich die Liebe im Außen und vergesse dabei, mich selbst zu lieben und die Quelle in mir zu finden?

Botschaft
des Engels der bedingungslosen Liebe

Geliebte Seele,

meine Heimat ist deine Heimat – die Liebe. So wie jeder Funke von mir reine Liebe ist, der dich im Herzen berührt und sehnsüchtig nach Hause ruft. Mein Wesen verschmilzt mit dem liebenden Herzen – mit jedem Atemzug mehr. Mich durch dich als mich zu erfahren, erweckt einen Ton, der nicht in menschliche Worte zu fassen ist. Zu sehr schwingt dieser Ton im Glanz meiner Welt.

Liebe ist die Kraft, die mich durch aller Welten Herzen trägt und nicht im Sturm der Zeit verweht oder sich verändert. Ewig bin ich gleich – verbunden mit der einen Quelle der bedingungslosen Liebe. Auf allen Ebenen und in allen Momenten der Zeit bin ich dir nahe. Stets so nahe, wie du es zulässt und wie du wählst.

Oft bin ich einen Weltenaugenblick in deinem Herzen, und der nächste Augenblick verweist mich wieder fort. Du kannst mich einladen! Du kannst mich halten! Du kannst in mir sein, so wie ich in dir sein kann. Du kannst mit mir deinen Weg gestalten. Jenseits der Angst öffne das Herz und fange zu leben an! Denn dort wo Liebe ist, dort lacht die Sonne, selbst einen armen Mann hat sie gewärmt in einer kalten Nacht. Der, der liebt, der hat den Tag gewonnen, und der, der Angst hat, hat zu lange nachgedacht. Ich bin nicht erfahrbar mit dem Geist der Welt. Es ist ein Fühlen jenseits vom Denken. Immer dann, wenn sich ein Licht zu einem Herz gesellt, dann kann ich einziehen und meine Gaben schenken. So wie du bist, will ich dich lieben. Ich kenne nichts, was schöner ist zu lieben. Bedingungslos und auf ewig, weil du ein Teil meiner geliebten Seele bist.

Wesen
des Engels der bedingungslosen Liebe

Ich bin der Engel der bedingungslosen Liebe,
mein Wesen ist bedingungslos, allumfassend und in seiner kraftvollen Präsenz ganz innig, weich und zart. Jedem Menschenherzen bin ich erfahrbar. Nur sperrt mich ein kaltes Herz in seiner Wahl, kalt zu sein, aus. So stehe ich dann vor dem Herzenstor – und fließe dennoch unaufhörlich weiter. Doch alles Fließen kann das kalte und verschlossene Herz nicht ergreifen und füllen – es bedarf einer Herzensöffnung durch den eigenen und freien Willen. Durch segnende Gebete kann man die Herzen der Menschen für mein Wesen öffnen.

Gebet
zum Engel der bedingungslosen Liebe

Lieber Engel der bedingungslosen Liebe, ich öffne dir mein Herz und bitte dich darum, mich mit der Energie der allumfassenden, bedingungslosen Liebe, in der ich mit dir eins bin, zu erfüllen.

Erlöse alles, was in mir noch deines Lichtes bedarf, um mit dir und durch dich die bedingungslose Liebe zu leben.

Begegnung
mit dem Engel der bedingungslosen Liebe

Setze oder lege dich bequem hin und finde dich in deinem Atem wieder. Sei ganz bei dir – alle Geräusche, die um dich herum sind, sind gleichgültig. Nur du bist wichtig, nur dein Atem, der ruhig und gleichmäßig fließt, ohne dass du etwas dazu beiträgst – denn Gott atmet dich … ein und aus … ganz tief … ruhig … und regelmäßig …

Spüre dein Gehaltensein von der Unterlage, auf der du dich befindest. Diese Sicherheit des Gehaltenseins, die Sicherheit durch den

Boden unter dir, die Sicherheit durch das Wissen, dass du dich fallen lassen kannst, das ist der Klang des Urvertrauens – spüre ihn und atme diesen ein ... dankbar für das Wissen, dass du gehalten bist und dich fallen lassen kannst in Gottes Hand. Spüre die Liebe deines Engels für dich und nimm sie an mit den Worten: »Ich liebe mich!« Denn nur wenn du dich in Liebe öffnest, kann seine Liebe dich berühren ... Nimm sie ganz in das Fließen deines Atems auf, und lass sie dich erfüllen – mit jedem Atemzug mehr und mehr. Bis dein Herz einem Meer der Liebe gleicht, das überquillt und deinen Körper mit der angenehm wärmenden Flut der Liebeswellen überströmt. So angenehm fühlt sich jeder Wellenschauer an, dass du meinst, an einem Sommertag in den Armen von Gott zu schlummern, der dich einhüllt in seine unendliche Liebe, die bedingungslos und grenzenlos ist.

Und so werden dir Bilder gezeigt, Bilder eines anderen Sommertages, an dem Gott andere Menschen an seinem Herzen trug und liebte. Das Bild eines Mannes, der kurz zuvor einen Krieg anzettelte – Gottes Gesicht war dennoch lieblich und die Liebe seines Herzens umfloss diesen Mann ebenso lichtvoll wie dich ... Denn Gottes Liebe ist bedingungslos.

Sie ist einfach – sie fließt einfach – ein Liebesmeer aus dem Herzen Gottes, dass, egal wann, stets fließt und strömt und liebt ... Diese Liebe gibt jedem und durchströmt jeden, ohne zu beurteilen, zu verurteilen ... weil Gott nur diese Liebe ist ... bedingungsloses Fließen aus dem Meer der Liebe ...

Lass dein Meer überquellen und zu jeder Zeit die Liebe fließen – denn Gott hält nie zurück, was fließt und Liebe gibt.

Bedingungslos gibt er, was ihn erfüllt,
bedingungslos berührt er,
damit der Nächste spürt, was Liebe ist.
Nun öffne deine Augen und spüre deine Hände.
Spüre deine Füße und spüre den Boden, der dich trägt.
Und lasse fließen – bedingungslos ...

Poesie
aus der Verbindung mit dem Engel der bedingungslosen Liebe

Von der Liebe ...

Liebe ist Sehnsucht
tief in dir.

Liebe ist Hoffnung –
glaube mir.

Liebe ist Leben –
jeden Tag.

Liebe ist Geben –
auch dem, den ich nicht mag.

Liebe ist frei sein
und frei zu lassen.

Liebe ist lieben –
auch wenn andere hassen.

Liebe ist Frieden –
diesen zu fühlen.

Liebe ist echt sein,
nicht nur zu spielen.

Liebe ist Wahrheit,
die dem Herzen entspringt.

Liebe ist Klarheit,
die die Wahrheit dir bringt.

Liebe ist ewig,
darauf ist zu vertrauen.

Gott liebt uns alle –
darauf kannst du bauen!

Affirmation

Liebe ist mein ganzes Sein – ich öffne mich
dieser unendlichen Kraft und lasse sie
in alle Bereiche meines Wesens und
meines Lebens fließen.
Ich liebe mich so, wie ich bin – jetzt.

Der Engel der wahren Größe

Thema

- Erlaube ich mir, groß und aufrecht im Leben zu stehen, oder mache ich mich klein?
- Wo stehe ich mir selbst im Weg?
- Erlaube ich mir, mein göttliches Erbe anzutreten und meine wahre göttliche Größe zu leben?

Botschaft
des Engels der wahren Größe

Geliebte Seele,

ich verneige mich vor dir, da ich deine wahre Größe sehen und spüren kann. Dort, wo kein Mensch je war, fängt das Licht deines Wesens an. In einen Körper bist du gezogen – das ehrt dich im Angesicht deiner wahren Größe. Doch weder an der Größe des Körpers noch an der Beschaffenheit deiner Lebensumstände solltest du deine wahre Größe messen. Niemals wurde die Weite des Lichtes der Welt, das die Essenz deiner Seele ist, in einem Wort erfasst. Könntest du nur sehen, wie weit die Kraft deines Atem reicht – so würdest du erahnen, welche Kraft du wirklich besitzt. Könntest du nur sehen, wie weit dein Herzensstrahl leuchtet – so würdest du erfühlen, wie sehr du selbst die Ewigkeit erhellst. Du bist ein großes Licht und reichst weit über deinen Körper hinaus – unendlich weit. Und all dieses Licht ist deine wahre Größe – verbunden und eins mit der ewigen Ewigkeit – und mit ihr mit allen Kräften des einen Himmels und der Erde. Wirke aus diesem Wissen heraus, und erfahre und lebe deine wahre Größe. Lass dich hervortreten aus dem Schatten deiner Selbstzweifel und atme dich frei. Atme und lebe DICH – du bist lichtvoll und groß.

Wesen
des Engels der wahren Größe

Ich bin der Engel der wahren Größe, mein Wesen ist grenzenloses, kraftvolles und immerwährendes Licht. In jedem Menschenherz ist meine Kraft verankert und wartet darauf, sich zu entfalten. Nur wenn das Herz diese Wahrheit nicht erkennt und sich und seine göttliche Verbindung im Selbstzweifel einengt, dann kann die wahre Größe nicht er- und gelebt werden. Darum erkenne unsere Verbindung – und du wirst alle Grenzen, die die Welt der Illusion dir erbaut hat, niederreißen. Du bist ein großes Licht – ich will es dir zeigen.

Gebet
zum Engel der wahren Größe

Lieber Engel der wahren Größe, ich öffne dir mein Herz und bitte dich darum, mich mit der Energie der wahren Größe, in der ich mit dir eins bin, zu erfüllen. Erlöse alles, was in mir noch deines Lichtes bedarf, um mit dir und durch dich meine wahre Größe zu leben.

Begegnung
mit dem Engel der wahren Größe

Setze oder lege dich bequem hin und finde dich in deinem Atem wieder. Sei ganz bei dir – alle Geräusche, die um dich herum sind, sind gleichgültig. Nur du bist wichtig, nur dein Atem, der ruhig und gleichmäßig fließt, ohne dass du etwas dazu beiträgst – denn Gott atmet dich … ein und aus … ganz tief … ruhig … und regelmäßig …

Spüre dein Gehaltensein von der Unterlage, auf der du dich befindest. Diese Sicherheit des Gehaltenseins, die Sicherheit durch den Boden unter dir, die Sicherheit durch das Wissen, dass du dich fallen lassen kannst, das ist der Klang des Urvertrauens – spüre ihn und atme diesen ein … dankbar für das Wissen, dass du gehalten bist und dich fallen lassen kannst in Gottes Hand. Spüre die Liebe deines Engels für dich und nimm sie an mit den Worten: »Ich liebe mich!« Denn nur wenn du dich in Liebe öffnest, kann seine Liebe dich berühren … All seine Liebe für dich wird dir als Selbstliebe spürbar … Nimm sie an.

Die Liebe, die du atmest, erfüllt dich ganz mit ihrem Glanz … Und immer weiter dehnt sich dieser Glanz nach außen aus … Er formt mit seinem Licht einen großen, leuchtenden Engel, in dessen Mitte du stehst … Du kannst nun deine wahre Größe und dein wahres Wesen sehen – denn das bist du:
   ein Engel auf Erden.

Nimm es an ... Erlaube dir, ein großes Licht zu sein ... Dein Atem wird weiter werden ... Denn nun atmest du in der ganzen Größe deines Wesens ...

Nun hast du mich gesehen   nun hast du dich gesehen.
Jetzt öffne deine Augen und spüre deine Hände. Spüre deine Füße und spüre den Boden, der dich trägt.

Und erlaube dir, von nun an deine wahre Größe zu leben.

Poesie
aus der Verbindung mit dem Engel der wahren Größe

Das eigene Schloss

Mir gehört ein Schloss mit tausend goldenen Zimmern,
doch bewohne ich nur einen oder zwei dieser Räume ...

Ich kann erfühlen, wie herrlich deren
Fensterscheiben im Lichte schimmern –
wie groß und voller Freiheit der Garten ist und
wie grün seine Bäume ...

Im Geiste halte ich mich gefangen –
stehe mir selbst als Wächter der Türen im Weg ...

Ich könnte mit einem Schritt ins nächste Zimmer gelangen –
doch ist es mir nicht möglich, solange ich mir schwere Steine in
den Türrahmen leg ...

So sitze ich sehnsüchtig in meinem Kämmerlein
und träume von dem, was mir einst und ewig gehört ...

Ich sehne mich nach mehr als nur dem Hauch
des Strahls von Sonnenschein
und nach der Freiheit, die man in der Stimme der
singenden Vögelein hört ...

Wie lange noch willst du dein eigener Gefangener sein?

Wie lange noch willst du dir selbst im Wege stehen?

Wie lange noch hältst du dich klein in diesem
Kämmerlein?

Wie lange darf die Welt die wahre Größe
deines Wesens noch nicht sehen?

Es ist ein großes Schloss dein Eigen –
du darfst und sollst dein Erbe allen Menschen zeigen ...

Der Garten zeigt, was Freiheit ist –
damit du DEINE nicht vergisst.

Affirmation

Ich lebe meine wahre Größe und werde weit –
ich öffne meine Herzenstür und fühle
meine wahrhaftige Größe.
Ich erlaube mir, diese von nun an zu leben.

Der Engel des Vergehens und des Neubeginns

Thema

- Halte ich an Situationen und Umständen fest, die mich viel Kraft kosten?
- Kann ich den Augenblick genießen, oder hänge ich oft in der Vergangenheit und in alten Mustern fest?
- Bin ich bereit, das Alte loszulassen und einen Neubeginn zu starten?

Botschaft
des Engels des Vergehens und
des Neubeginns

Geliebte Seele,
lass alles los und werde frei. Jeder Anfang verlangt ein Beenden, das ihm vorausgeht, jeder Tag eine ihm vorausgehende Nacht und vor jedem neuen Auffüllen eines Kruges muss er zuerst geleert werden.

Wo du auch hinsiehst, wird die Erde dir zeigen, was vergehen und neu beginnen meint. Es meint zu blühen – ohne einen Gedanken daran zu verschwenden, wann die Blütezeit vorübergeht. Es meint zu wachsen – sich an Regentagen Kraft zu holen, indem man in sich ruht und das Gute daraus schöpft. Und es meint, verwelkte und leblose Blüten loszulassen, um Raum für neues Leben zu schaffen. **Die Erde ist ein gepflanztes Rätsel, das mit dem Auge gesehen und mit dem Herzen verstanden wird.** Lass dich von ihr inspirieren, jeden Tag aufs Neue. Lass dich verzaubern und beschenken mit des Lebensgartens Weisheitskraft. Vertraue dem tiefen Sinn des pulsierenden Kommens und Gehens, und lass alles geschehen – im Wissen, dass die wahre Blüte, die in dir blüht und nicht mit den Augen zu sehen ist, auf ewig blüht. Der Schein verbirgt das wahre Sein. Die Illusion lässt nur Vertrauen hinter den Vorhang schauen. Darum halte an nichts fest – denn das, was du brauchst, wird bei dir sein. Erfahre die Wunder, die jeder Anfang eines neuen Augenblicks dir bringt, indem du dich für ihn öffnest. Verweile nicht in der Trauer des Liedes des Abschieds – feiere den stetigen Neubeginn – so feierst du mich – und so feierst du das wahre Leben. Doch ist der Abschied selbst ein Grund zu feiern – denn was auch geht, es ist nicht ganz vergangen. Keine Schwingung geht verloren in einem ewigen Universum, in dem alles mehr oder weniger verdichtete Energie und somit Schwingung ist – wenn etwas geht, wird es zur gleichen Zeit an einem anderen Ort geboren, es wechselt nur den Raum – um wieder neu zu beginnen – zu gedeihen – SEIN wird es wie du … EWIG. Feiere die Erfüllung des Planes des großen Geistes – und lebe mit ihm in Frieden im Wandel der Gezeiten.

Wesen des Engels des Vergehens und des Neubeginns

Ich bin der Engel des Vergehens und des Neubeginns, mein Wesen ist ein segnendes Loslassen und neues Werden. Im Kreislauf des Lebens bin ich mit jedem verbunden. Dort, wo das Herz an Altem festhält und dieses Alte an seinen Kräften zehrt, dort ist mein Fluss unterbrochen. Im fließenden Gehen und Neuentstehen, was der Fluss des Lebens heißt – ganz ohne etwas, das gehen will, halten zu wollen –, liegt der tiefe Segen meiner wirkenden Kraft.

Gebet
zum Engel des Vergehens und des Neubeginns

Lieber Engel des Vergehens und des Neubeginns, ich öffne dir mein Herz und bitte dich darum, mich mit der Energie des Vergehens und des Neubeginns, in der ich mit dir eins bin, zu erfüllen. Erlöse alles, was in mir noch deines Lichtes bedarf, um mit dir und durch dich Altes loszulassen und neu zu beginnen – hilf mir, im Fluss des Lebens zu fließen.

Begegnung
mit dem Engel des Vergehens und des Neubeginns

Setze oder lege dich bequem hin und finde dich in deinem Atem wieder. Sei ganz bei dir – alle Geräusche, die um dich herum sind, sind gleichgültig. Nur du bist wichtig, nur dein Atem, der ruhig und gleichmäßig fließt, ohne dass du etwas dazu beiträgst – denn Gott atmet dich ... ein und aus ... ganz tief ... ruhig ... und regelmäßig ...

Spüre dein Gehaltensein von der Unterlage, auf der du dich befindest. Diese Sicherheit des Gehaltenseins, die Sicherheit durch den Boden unter dir, die Sicherheit durch das Wissen, dass du dich fallen lassen kannst, das ist der Klang des Urvertrauens – spüre ihn und atme diesen ein ... dankbar für das Wissen, dass du gehalten bist und dich fallen lassen kannst in Gottes Hand. Spüre die Liebe deines Engels für dich und nimm sie an mit den Worten: »Ich liebe mich!« Denn nur wenn du dich in Liebe öffnest, kann seine Liebe dich berühren ... Spüre die Liebe – wie sie dich wärmt und erfüllt.

Stell dir vor, du stehst an einem Feld, und deine Augen sehen das, was oft ein Jahr dauert, in wenigen Minuten. Sie sehen, wie kleine Samenkörner, die sorgfältig gesät werden, kleine Triebe bekommen. Sie sehen, wie die Triebe zu Stängeln werden und wie die Stängel – zur rechten Zeit – Früchte tragen. Sie sehen, wie sie Gewitter überstehen und der Segen des Regens sie erst wachsen lässt. Und sie sehen, dass eines ums andere wieder vergeht, verwelkt. Doch du hast das Gefühl: Es ist richtig. Du siehst in dem Verwelken nicht das Sterben dieser Pflanze, vielmehr siehst du den Sinn des Vergehens.

Und schon erblickst du, wie der Kreislauf wieder von neuem beginnt. Doch dieses Mal ist es eine andere Pflanze – eine Heilpflanze. Und genau diese Pflanze rettet einem kleinen Kind das Leben. Also war das Vergehen und das neue Entstehen wohl ein großer Segen. Vertraue stets darauf, dass alles dir zum Segen gereicht.

Nun öffne deine Augen und spüre deine Hände. Spüre deine
Füße und spüre den Boden, der dich trägt.

Lass Altes los – gib deinem Herzen Raum für neues Glück.

Poesie
aus der Verbindung mit dem Engel
des Vergehens und des Neubeginns

Die vier Jahreszeiten

In der Natur, da kann man sehen,
wie Lebensgeister kommen und Lebensgeister gehen.

So grün, wie uns der Frühling begrüßt,
so blühend uns der Sommer das Leben versüßt,
so ist`s gewiss, dass wir im Herbst wohl Abschied nehmen
von all dem farbenfrohen Angenehmen.

Im Winter scheint es, als wär's nun ganz erfroren –
im Frühjahr doch wird`s wieder neu geboren.

So zeigt das Leben uns, wie alles nimmt so seinen Lauf.
Doch hab ich noch nie gehört, ein Baum der gäbe auf.

Obwohl er jedes Jahr wird sehr vermissen
seine Blätter, die er ja verlieren muss, wie wir alle wissen.

Denn er gibt sich hin dem Lebenslauf,
er weiß, das Vergehen der Blüten muss sein,
denn sonst gehen sie im nächsten Jahr nicht auf.

Sich so im Vertrauen ganz dem großen Plan von Gott hinzugeben,
so muss es herrlich sein zu leben!

Affirmation

Ich vertraue dem Leben im Werden
und im Vergehen – dort, wo etwas geht,
wird wundervolles Neues entstehen.
Ich bin vom Fluss des Lebens geleitet und getragen.

Der Engel der Ruhe

Thema

- Was versetzt mich im Leben in Hektik und Aufruhr? In welchem Bereich meines Lebens?
- Nehme ich mir genügend Zeit für mich, um zur Ruhe zu kommen?
- Fühle ich mich ausgelaugt?
- Kann ich absolute Ruhe und Stille genießen?

Botschaft
des Engels der Ruhe

Geliebte Seele,

die Quelle der Ruhe ist eine heilige Stätte. Komme zu dir und halte kurz inne, um diese in dir zu finden. Wisse, dass du nichts in diesem heiligen Raum finden wirst außer Ruhe und andächtige, erholsame Stille. Stille, die dich dein wahres Wesen erfahren lässt und dich klärt von allen Energien, die rastlos an dir hängen. In diesem Tempel findest du einen reichen Quell der kraftvollen Reinigung, der in Verbindung mit der Atmung deine Welt erreicht. Beschenke dich mit dem Mantel der Ruhe, der dich umhüllt und unter dem alle Welt um dich herum verstummt – im Frieden dieses gesegneten Ortes. Meine Ruhe und Stille sind ein Teil von dir, den du immer wieder abgestreift hast, als du hektisch durch die engen Gassen dieser Erde geeilt bist. Doch es bedarf nur deiner Aufmerksamkeit und deiner Wahl – jeden Augenblick will ich mich dir erneut schenken und dich in deinen – so wie meinen – Tempel führen, um dort die Ruhe und Stille als Quelle der Kraft durch dich zu erleben. Warte nicht, bis du bemerkst, dass du zu viel von deiner Energie gegeben hast, ohne selbst in deiner Kraft zu sein – ohne selbst an die ewige Quelle angeschlossen zu sein, die du über den Tempel der Ruhe und Stille findest. Nimm die Einladung in diesen heiligen Raum an. Alles darin ist klar und rein, so wie die Stille einer sternenklaren Nacht. Entleere deinen Geist und wiege dich im Klang dieser Stille. In deiner Mitte neu geboren, wirst du dem Leben kraftvoll begegnen – in tiefer und klarer Kraft, einem königlich spiegelnden Bergsee gleich, wird deine Innenwelt die Außenwelt verzaubern.

Wesen
des Engels der Ruhe

Ich bin der Engel der Ruhe, mein Wesen ist in sich ganz still und klar. In der Stille des eigenen Herzens kann mich jeder erfahren. Die Hektik und der Lärm der Welt erlauben es meinem ruhigen Wesen nicht, an jedem Ort zu verweilen. Doch baust du mir in deinem Herzen einen Tempel – aus einem tiefen Atem voller Ruhe und Licht –, dann bin ich dort stets für dich erfahrbar und will mich dir im Innen schenken, auch wenn im Außen Stürme toben.

Gebet
zum Engel der Ruhe

Lieber Engel der Ruhe, ich öffne dir mein Herz und bitte dich darum, mich mit der Energie der Ruhe, in der ich mit dir eins bin, zu erfüllen. Erlöse alles, was in mir noch deines Lichtes bedarf, um mit dir und durch dich in und aus der Kraftquelle der Ruhe zu leben.

 Begegnung
mit dem Engel der Ruhe

Setze oder lege dich bequem hin und finde dich in deinem Atem wieder. Sei ganz bei dir – alle Geräusche, die um dich herum sind, sind gleichgültig. Nur du bist wichtig, nur dein Atem, der ruhig und gleichmäßig fließt, ohne dass du etwas dazu beiträgst – denn Gott atmet dich ... ein und aus ... ganz tief ... ruhig ... und regelmäßig ...

Spüre dein Gehaltensein von der Unterlage, auf der du dich befindest. Diese Sicherheit des Gehaltenseins, die Sicherheit durch den Boden unter dir, die Sicherheit durch das Wissen, dass du dich fallen lassen kannst, das ist der Klang des Urvertrauens – spüre ihn und atme diesen ein ... dankbar für das Wissen, dass du gehalten bist und dich fallen lassen kannst in Gottes Hand. Spüre die Liebe deines Engels für dich und nimm sie an mit den Worten: »Ich liebe mich!« Denn nur wenn du dich in Liebe öffnest, kann seine Liebe dich berühren ... Erfülle dein Herz mit Liebe. Atme ein und atme aus ... ganz in Ruhe ... und liebe dich ...

Stelle dir vor, du liegst in einem Boot mit blauen Kissen und lauschst den leisen Wellen, die in aller Ruhe das Boot umspielen. In eine seichte Bucht wirst du geschippert, und ein tiefer Atemzug der Ruhe an diesem Ort verbindet dich mit meinem Sein – lass dich atmen von Gott – lade göttliche Ruhe ein ...

Lächelnd erblickst du einen Vogel, der hoch oben in den Lüften seine Bahnen zieht ... Jedem Flügelschlag folgt in aller Ruhe eine Bahn ... und wieder ein Flügelschlag ... und eine lange, weite Bahn ... ganz in Ruhe ... Der Adler der Lüfte lässt mit jedem Flügelschlag die Ruhe kommen und sich tragen ... Er verliert sein Ziel nicht aus den Augen, er beobachtet in aller Ruhe und lässt sich tragen ... Sieh und fühle die Ruhe auch in dir ...

Eine Feder dieses Adlers wiegt sich sanft in deine Richtung ... Ganz langsam und doch sicher wird sie ihr Ziel erreichen. Und schließlich legt sie sich in ihrer Leichtigkeit auf deine Brust und lässt dich wissen, dass dich in Leichtigkeit und Ruhe ein Schritt nach dem anderen zu deinen Zielen bringt ... In der Weisheit des Adlers hast du mich gefunden ... Und du wirst mich wieder finden, wenn du mich finden willst.

Nun öffne deine Augen und spüre deine Hände. Spüre deine Füße und stehe fest auf dem Boden, der dich hält ...

Lebe ... im Segen meiner Ruhe ... auf dieser wundervollen Welt.

Poesie
aus der Verbindung mit dem Engel der Ruhe

Der ruhige See

Blüte an Blüte erstreckt sich der Weg –
ein liebliches Rauschen umarmt die Natur.
Als ich mich erschöpft in eine Wiese leg,
erblicke ich eine Lichtfigur ...

Sehr lange wohl steht sie schon da –
und als würde sie auf mich warten,
winkt sie mir freundlich zu und bittet mich in
ihren Zaubergarten.

Die Müdigkeit wie weggeweht,
geh ich fast schwebend auf sie zu,
in seidigem Glitzer funkelt der Rasen, auf dem sie steht,
als sie sagt: »Setz dich zu mir und komme zur Ruh.«

Auf Stühlen, die vor mir dem Boden entwachsen,
lass ich mich nieder und gebe mir Rast.
Das friedvolle Aneinandertasten
nimmt mir im Herzen, wie's scheint, jede Last.

Der Blick dieses Wesens, der mich tief berührt,
geht tiefer noch, als ich an Tiefe je verspürt.
Der Frieden, der in mir den Anker aussendet,
verspricht, dass er von nun an die Hast in mir wendet.

Und wieder vernehm ich, wie es blickend spricht,
das anmutige, engelsgleiche Lichtgesicht:
»Nun ist in dir ein klarer See,
an ihm sollst du dir Ruhe gönnen.
Zu viel Hast tut deiner Seele weh – komm in dir an,
hör auf zu rennen.«

Ich blicke wie verzaubert und wache wieder auf,
als ich den Weg zurück, zur einen Wiese lauf.

Den Weg in des Wesens Garten, den hab ich
nicht vernommen,
doch dafür hab ich auf ewig den ruhigen See bekommen.

Affirmation

Ich tauche ein in die ruhende Quelle der Kraft,
aus der man wahrhaft alles schafft.

Der Engel der Demut

Thema

- Wo kann ich in alltäglichen Aufgaben Demut üben?
- Kann ich demütig sein gegenüber dem großen göttlichen Plan?
- Fällt es mir schwer, demütig zu sein – beziehungsweise fällt es mir schwer, auch unangenehme Aufgaben zu erledigen?
- Ist für mich jedes Lebewesen gleich viel wert, oder bewerte ich und meine, der eine wäre vielleicht besser als der andere?

Botschaft
des Engels der Demut

𝒢eliebte Seele,
Demutsglanz ist eine edle Farbe im Seelenkleid. Ein demütiges Herz hat sämtliche Härte und Machtgier überwunden und so den wahren Zugang zur Allmacht gefunden. Erlebe den Wandel von Hochmut zu Demut. Es sind innere Wallungen des Egos, das in der Demut seinen sicheren Untergang weiß. Doch ist es ein Untergang, der dich ins Reich des Höchsten führt. Demütig sei dein Herz und rein – so wirst du mir ganz nahe sein. Ich erfülle dich mit einem Glanz, der heller strahlt als alles Irdische, das dir hochmütig den Besitz von Reichtum als erstrebenswert vorgaukelt. Reich ist der, der in sich alle Schätze findet – reich ist der, vor dessen Licht der größte Schatten schwindet – reich ist der, der Liebe trägt an jeden Ort – und der, der wirklich reich ist, lässt Liebe da und Liebe dort ...

So sieh zum Licht und stehe aufrecht in deinem Leben – nur ganz im Herzen verneige dich demütig vor der Allmacht Gottes – des alleinen Gottes, der durch dich lebt und liebt, so wie er durch jedes Lebewesen lebt und liebt. Demut vor dieser unendlichen Liebeskraft schenkt Nähe zur Quelle.

Wesen
des Engels der Demut

Ich bin der Engel der Demut, mein Wesen ist demütig, dankend und rein. Durch jedes Herz möchte mein Licht in allem das Höchste erkennen und demütig preisen. Dieses edle Licht erfahren, das können Hochmut und Eitelkeit nicht. Doch wenn man den großen Plan des alleinen Geistes betrachtet – und sein Licht im Kleinen wie im Großen erkennt –, kann man demütig sein. So lade ich dich zu dieser sich verneigenden Sichtweise ein.

Gebet
zum Engel der Demut

Lieber Engel der Demut, ich öffne dir mein Herz und bitte dich darum, mich mit der Energie der Demut, in der ich mit dir eins bin, zu erfüllen. Erlöse alles, was in mir noch deines Lichtes bedarf, um mit dir und durch dich in Demut dankend zu leben.

Begegnung
mit dem Engel der Demut

Setze oder lege dich bequem hin und finde dich in deinem Atem wieder. Sei ganz bei dir – alle Geräusche, die um dich herum sind, sind gleichgültig. Nur du bist wichtig, nur dein Atem, der ruhig und gleichmäßig fließt, ohne dass du etwas dazu beiträgst – denn Gott atmet dich … ein und aus … ganz tief … ruhig … und regelmäßig …

Spüre dein Gehaltensein von der Unterlage, auf der du dich befindest. Diese Sicherheit des Gehaltenseins, die Sicherheit durch den Boden unter dir, die Sicherheit durch das Wissen, dass du dich fallen lassen kannst, das ist der Klang des Urvertrauens – spüre ihn und atme diesen ein … dankbar für das Wissen, dass du gehalten bist und dich fallen lassen kannst in Gottes Hand. Spüre die Liebe deines Engels für dich und nimm sie an mit den Worten: »Ich liebe mich!« Denn nur wenn du dich in Liebe öffnest, kann seine Liebe dich berühren … Liebe ist der Schlüssel – sie öffnet die Tür zur Himmelswelt.

Nun stell dir den Himmel vor … das weite Meer … die Berge … die Wüste … und schließlich die ganze weite Welt … Lass diese Weite in dir wirken. Stelle dir dazu die Sterne vor und jede weitere Galaxie … immer weiter und weiter … Erfahre das Wort »Unendlichkeit«, indem du erkennst, dass nie ein Ende kommt … weil alles unendlich ist.

Du stehst einem Universum gegenüber, das wahrhaft unendlich ist, in dem du wohnen darfst, von dem du ein Teil bist und in dem du vom Schöpfer selbst gehalten und getragen bist.

Erfahre mich in diesem Atemzug, indem du dich in Demut vor dem großen Plan verneigst.

Sage dir ruhig die Worte: In Demut beuge ich mich dem göttlichen, lichtvollen Plan und nehme meinen Platz darin ein.

Du erkennst, dass jedes Werk, dass du in Demut tust, dem einen Gott gebührt ... seinen Werken und seiner Güte ... Und dass dieses Göttliche allen Wesen innewohnt. Ein demütiges Herz wird höher fliegen als ein hochmütiges jemals blicken kann.

Nun hast du mich und mein Wesen erfahren – bewahre dir diesen demütigen Blick.

Jetzt öffne deine Augen und spüre deine Hände. Spüre deine Füße und stehe fest auf dem Boden, der dich hält ...

Lebe ... im Segen meiner Demut ... auf dieser wundervollen Welt.

Poesie
aus der Verbindung mit dem Engel der Demut

Ein Engel Gottes

Geliebter hauchzarter Klang,
der still mein Herz umweht,
geliebter kraftvoller Drang,
der leis um Frieden fleht.

Durch dich hab ich gelernt zu sehen,
auch in der dunklen Nacht.
Den Mut, die Kraft, den Weg nach Haus' zu gehen,
verdank ich deiner Macht.

Von dir erfüllt, erwacht der Wunsch, dich mehr zu teilen.
Von dir gestillt, kann jedes Herz ganz heilen.

Du großes Wunder, je mehr man dich verschwendet,
desto mehr wird man von dir belebt –
von deiner Schönheit, die des Menschen Auge blendet.

Du vielversprechendes Geheimnis,
das sich zu suchen lohnt,
wo werd ich dich als Nächstes finden – du,
der in allem wohnt?

Du treue Seelenrose in meinem Lebensgarten,
den nächsten Frühling deiner, den kann ich
kaum erwarten.

Wo gestern Winter war und morgen Sommer ist,
kann heut der Tag schon sein, weil du die Zeit nicht misst.

Oh, keine Worte dieser Welt können es wiedergeben,
was wache Seelen, welche du berührst,
in diesem Sein erleben.

Deinem Hauch von Sehnsucht bin ich schon lang verfallen,
in meinem schönsten Zimmer hör ich dein Lächeln hallen.

Du bist ein Feuerball, der mir zu leben zeigt,
indem man aufrecht steht und sich vor Demut neigt.

Du, der du ohne Namen in unsere Welt gekommen,
dich will man Engel heißen –
sei in der Welt willkommen.

Affirmation

Ich vertraue meiner göttlichen Führung
und nehme sie liebevoll wahr –
demütig dankend erfahre ich
Gottes unendliche Vollkommenheit in allem.

Der Engel
der göttlichen Einheit

Thema

- Welche Gefühle trennen mich davon, die Einheit mit dem Göttlichen zu erfahren?
- Erkenne ich mein dreieines Wesen und die Quelle des Göttlichen in meinem Herzen?
- Was wähle ich zu erfahren?
- Bin ich mir der Verbundenheit mit allem, was ich wähle, bewusst?

Botschaft
des Engels der göttlichen Einheit

Geliebte Seele,
auf dieser Erdenwahrnehmungsreise erfährst du dich stets nach deiner Wahl. Die Einheit mit Gott zu erleben, sei dir als segensreiches Ziel ins Herz gelegt. Du findest Gott in jedem Grashalm und in jeder Blüte. Du findest ihn im Wind, im Wasser, im Feuer und in der Erde. Du findest ihn überall, und nirgends kann es dich hintreiben, wo Gott dich nicht umgibt und erfüllt. Die Einheit mit diesem göttlichen Odem zu erfahren, liegt in deiner Wahl, die Dinge zu betrachten und zu wählen. In deinen Gedanken, Worten und Taten. Wenn Herz und Geist in Einheit mit dem Höchsten schwingen und deine Taten diesem lichtvollen Erkennen folgen, dann bist du eine Säule in Einheit mit Gotteskraft. Dann wirst du diese Erde beflügeln mit den himmlischen Energien, die dir durch diese Verbindung und Einheit gegeben sind. So achte auf dein Herz – was es flüstert. Achte auf deinen Geist – ob er in Harmonie ist mit dem sanften Flüstern des Herzens. Und wenn ein licht- und liebevolles Herzensgefühl und die Gedanken harmonisch ineinanderfließen, dann lass Taten folgen – denn dann ist jede Tat eine göttliche, und du wirst in der Folge die Körper-, Geist- und Seeleneinheit mit dem Göttlichen erfahren. Lebe – die Quelle entspringt und fließt im Herzen. Und aus dem Herzen heraus lasse alles mit diesem Fluss in Einheit sein.

Wesen
des Engels der göttlichen Einheit

Ich bin der Engel der göttlichen Einheit, mein Wesen ist Verbindung und Einheit mit allem, was lichtvoll mit dem Höchsten schwingt. In der Quelle des Herzens ist jedem der Impuls gegeben, mich weiter über die Einheit des Herzens mit der Gedankenwelt ins Außen zu tragen und zu erleben. Doch wer dem Herzensflüstern keinen Glauben schenkt, weil der Geist in Zweifeln oder Ängsten hängt, der wählt nicht die Einheit mit mir. Mit Mut jedoch und Glauben kann jeder dem Herzen im Vertrauen folgen und die Einheit mit dem Göttlichen, das jedem Herzen innewohnt, im ganzen dreieinen Wesen erfahren. Lebe aus dem Herzen heraus.

Gebet
zum Engel der göttlichen Einheit

Lieber Engel der göttlichen Einheit, ich öffne dir mein Herz und bitte dich darum, mich mit der Energie der göttlichen Einheit, in der ich mit dir eins bin, zu erfüllen. Erlöse alles, was in mir noch deines Lichtes bedarf, um durch dich und die Verbindung mit dir, der ich im Herzen Glauben schenke und der mein Denken und Handeln folgt, in Einheit mit Gott zu leben.

Begegnung
mit dem Engel der göttlichen Einheit

Setze oder lege dich bequem hin und finde dich in deinem Atem wieder. Sei ganz bei dir – alle Geräusche, die um dich herum sind, sind gleichgültig. Nur du bist wichtig, nur dein Atem, der ruhig und gleichmäßig fließt, ohne dass du etwas dazu beiträgst – denn Gott atmet dich ... ein und aus ... ganz tief ... ruhig ... und regelmäßig ...

Spüre dein Gehaltensein von der Unterlage, auf der du dich befindest. Diese Sicherheit des Gehaltenseins, die Sicherheit durch den Boden unter dir, die Sicherheit durch das Wissen, dass du dich fallen lassen kannst, das ist der Klang des Urvertrauens – spüre ihn und atme diesen ein ... dankbar für das Wissen, dass du gehalten bist und dich fallen lassen kannst in Gottes Hand. Spüre die Liebe deines Engels für dich und nimm sie an mit den Worten: »Ich liebe mich!« Denn nur wenn du dich in Liebe öffnest, kann seine Liebe dich berühren ... Werde eins mit dieser Liebe.

Stell dir vor, durch deinen Körper fließt gleißend helles Licht, dass sich dir fühlbar angenehm in einer leichten Wärme präsentiert. Im Spüren dieser göttlichen Präsenz in dir wird dir bewusst, dass dieses Licht, das dich erfüllt, dein Eigen ist ... Der Wunsch, das Licht der ganzen Welt zu zeigen, wird ganz groß in dir ... und so wird dir bewusst, dass Gottes Wille auch dein Wille ist ... dass du in Einheit mit Gott deine Wege gehst. In dieser Einheit bist du alles – bist du göttliche Weisheit und göttliches Licht.

Nun öffne deine Augen und spüre deine Hände. Spüre deine Füße und spüre den Boden, der dich trägt.

Sei eins mit Gott in all deinen Taten, Worten und Werken.

Gesegnet sei dein Weg.

Poesie
aus der Verbindung mit dem Engel der göttlichen Einheit

★ Lebe-Liebe-Poesie ★

Die Einheit mit Gott zu erleben.
Die Erkenntnis daraus weiterzugeben.

Die Liebe, die immer gewesen,
als Schriften im Herzen zu lesen.

Das Glück, das der Quelle entspringt,
das tief in mir atmet, tief in mir singt,
als Teil meiner Selbst zu erkennen
und es dazu auch zu ernennen.

Den Frieden der Heimat begreifen –
auf dem Weg dorthin stets zu reifen.

Dies alles nicht wissen und auch nicht sehen –
vielmehr zu erfühlen, zu glauben und
mit dem Herzen verstehen ...

Dem Großen, das Gott heißt, in allem begegnen
und in diesem Werden die Erde segnen.

Die Briefe der Sehnsucht an sich selbst zu schreiben
und so in der wirkenden Selbstliebe bleiben.

Zu singen die Lieder, die tief in mir hallen.
Erheben die Engel, die einst sind gefallen.

Zu träumen, was sein wird,
zu sein, was du bist.

Weil all dies der Sinn eines Lebensspiels ist ...
Als Kinder der Liebe in Demut gehalten,
sind wir die Erlöser, die selbst für sich walten ...

Affirmation

Ich bin mit allen göttlichen Kräften verbunden –
in Einheit mit diesen Kräften, deren Quelle ich im Herzen finde,
schenke ich der Welt mein Licht.

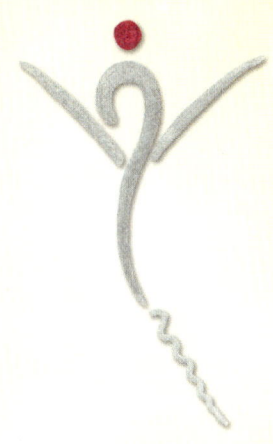

Der Engel der lichtvollen Sehnsucht

- Was erwarte ich mir im tiefsten Herzen von der Zukunft?
- Schenke ich meinen Sehnsuchtsträumen Aufmerksamkeit, oder belächle ich mich sogar selbst für meine Träume, die ich in unerreichbare Ferne schiebe?
- Habe ich Träume und innige Wünsche, die endlich gelebt werden möchten?

Botschaft
des Engels der lichtvollen Sehnsucht

Geliebte Seele,
Wünsche – Träume ... Von weit her und doch so nah – spürbar vernehmen die Menschenherzen ein sehnsüchtiges Rufen. Ein Rufen aus der Seelenwelt. Das Gefühl dazu bestätigt einem die tiefe Liebe und Verbundenheit – die Stimmigkeit und Wahrheit des Wunsches. Doch denkt man dann wie ein Mensch – dann wird der Sehnsuchtstraum zum unerreichbaren Gipfel. Warum? Wieso? Lass doch das Denken sein. Schenke deiner Seelensehnsuchtsstimme deine Aufmerksamkeit und höre ihre Bitten und Sehnsüchte an. Wenn sie stimmig und liebevoll in deinem Herzen widerhallen, so wird sich ein Weg finden, sie auch zu »erleben«.

So lange bist du Wege gegangen, die der Vernunft entsprechen, ohne der Seelenstimme zu lauschen. Es ist nun an der Zeit, den Ruf zu vernehmen und sich aufzumachen zu neuen Ufern – zu Ufern, nach denen sich deine Seele sehnt. Deine Seelensehnsucht ist erfüllt von meiner Schwingung. Dieser rufenden, inneren Wahrheit, die deine Herzenswünsche sind, sollst du folgen ohne Unterlass und ohne Zweifel. Vorbei an Felsbrocken und durch alle Täler. Stets mit aufmerksamem Blick zu mir, der lichtvollen Sehnsucht – erfahre mit allen Sinnen, wie es sich anfühlt, das Ziel zu erreichen. Es wird dir alles gegeben sein, um diesen Weg erfolgreich zu gehen – und jeder Schritt wird vom Licht der Liebe gesegnet sein, wenn du den Weg des Herzens gehst. Atme die Schwingung, die dich ruft, in tiefer Sehnsucht ein und aus – so kann ich dich leiten auf dem Weg, den du niemals verfehlen kannst, wenn du dem lichtvollen Herzensruf folgst.

Wesen
des Engels der lichtvollen Sehnsucht

*I*ch bin der Engel der lichtvollen Sehnsucht, mein Wesen ist ein sehnsüchtiges Flüstern und Träumen hin zum erträumten Ziel. Wer es sich nicht erlaubt, mit seinen Träumen zu fliegen, dem kann ich den Weg nicht zeigen. Doch wer mein Flüstern in seinem Herzen vernimmt und seinen Träumen und Sehnsüchten erlaubt zu werden, dem wird mein Licht die Wege beleuchten, um seine Ziele zu erreichen. Der Herzenssehnsuchtsruf, der aus meiner Schwingung kommt, ist es wert, ihm über den höchsten Berg zu folgen.

Gebet
zum Engel der lichtvollen Sehnsucht

*L*ieber Engel der lichtvollen Sehnsucht, ich öffne dir mein Herz und bitte dich darum, mich mit der Energie der lichtvollen Sehnsucht, in der ich mit dir eins bin, zu erfüllen. Erlöse alles, was in mir noch deines Lichtes bedarf, so dass dein lichtvolles Sehnen meinen Weg erleuchtet und ich durch das Befolgen deiner Weisheit meine Ziele erreiche.

Begegnung
mit dem Engel der lichtvollen Sehnsucht

Setze oder lege dich bequem hin und finde dich in deinem Atem wieder. Sei ganz bei dir – alle Geräusche, die um dich herum sind, sind gleichgültig. Nur du bist wichtig, nur dein Atem, der ruhig und gleichmäßig fließt, ohne dass du etwas dazu beiträgst – denn Gott atmet dich … ein und aus … ganz tief … ruhig … und regelmäßig …

Spüre dein Gehaltensein von der Unterlage, auf der du dich befindest. Diese Sicherheit des Gehaltenseins, die Sicherheit durch den Boden unter dir, die Sicherheit durch das Wissen, dass du dich fallen lassen kannst, das ist der Klang des Urvertrauens – spüre ihn und atme diesen ein ... dankbar für das Wissen, dass du gehalten bist und dich fallen lassen kannst in Gottes Hand. Spüre die Liebe deines Engels für dich und nimm sie an mit den Worten: »Ich liebe mich!« Denn nur wenn du dich in Liebe öffnest, kann seine Liebe dich berühren ...

Nimm alle Sehnsucht in dir wahr, die reiner Absicht ist und die niemandem schadet ...

Und jeden lichtvollen, sehnsüchtigen Gedanken, den du in dir trägst, den setze auf eine weiße Wolke, und die Wolke setze nah zur Sonne hin. Auf deinem Weg steht nun ein Wegweiser, auf dem deine sehnsüchtigen Wünsche zu lesen sind und ein Pfeil in Richtung Sonne zu sehen ist. Wende dein Lächeln stets dem Glauben zu, die Sehnsuchtswünsche erreichen zu können. So hast du mich schon oft erfahren und kannst mich jetzt als Wegweiser in deinem Herzen bewahren.

Nun öffne deine Augen und spüre deine Hände. Spüre deine Füße und spüre den Boden, der dich trägt.

Der wegweisende Segen auf allen Pfaden ist das Licht. Wende dich ihm zu, sonst siehst du es nicht.

Poesie
aus der Verbindung mit dem Engel der lichtvollen Sehnsucht

Seelengarten

Zauberwald im Sonnenlicht,
Seelenglitzer in den Bäumen,
wach ich oder träume ich ...?

Wandelnd zwischen vielen Räumen
trag ich schwer und leicht mein Kleid.

Empfinden wechselt wie der Raum –
von Zeit zu Ewigkeit.

Zauberwald im Sonnenlicht,
Seelenglitzer weht ins Haar,
nie war ich wacher, nie vertrauter,
nie war ich leiser, nie lachte meine Seele lauter.

Umarmt von Lichterfülltem, werden Träume wahr ...
Sehnsucht erzählt von einst geplanten Wegen –
Nebelschwaden werden Wassertropfen,
leise klopfen sie ans Fenster, um sich dort hinzulegen –
allein um uns, den Seelenwanderern,
den Blick zu klären ...

Wie sie sich, eins ums andere,
an der ach so trüben Scheibe,

dass ja kein Rest vertrübet bleibe,
fest entschlossen ganz hinabbewegen ...

Zauberwald im Sonnenlicht,
Seelenglitzer in den Bäumen,
die Zeit ist da – Geburt ist nah,
in sternenklaren Nächten aus fruchtbaren Träumen
ist alles eins geworden:

die, die gegangen, die, die gefangen,

die, die geblieben, die, die sich lieben,

die, die verlassen, die, die dachten zu hassen,

die, die verhöhnt – alle vereint und versöhnt ...

Zauberwald im Sonnenlicht –
der, der hält, was er verspricht –
Sehnsuchtsträume lügen nicht –
Zauberwald im Sonnenlicht ...

Affirmation

Ich vertraue meiner Sehnsucht
und gebe mich ihr hin – denn in jeder
lichtvollen Sehnsucht liegt viel Lebenssinn.
Ich folge dem Ruf meines Herzens.

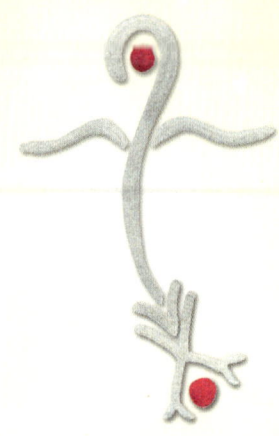

Der Engel der Erdung

Thema

- Bin ich gut geerdet, und stehe ich mit beiden Beinen fest auf dem Boden?
- Fallen mir »weltliche«, alltägliche Aufgaben schwer?
- Bin ich vielleicht zu »vergeistigt«?

Botschaft
des Engels der Erdung

*G*eliebte Seele,
mein Wesen reicht in die Erdmitte hinein, und von dort aus versorge ich die Erde mit Leben. Tiefe Wurzeln sind nötig, um auf der Erde gefestigt und beständig sowie erfolgreich seinen Weg zu gehen. Denn ohne Wurzeln fehlt der Halt, und ohne Halt fehlt die Verbindung zu mir, durch die ich dich mit Lebenskräften versorge. Betrachte den ältesten Baum und frage dich, ob er ohne Wurzeln so alt geworden wäre. Ob er ohne Wurzeln die Kraft gehabt hätte, hin zum Licht zu wachsen und zu gedeihen. Lass deinen Körper die Erde spüren und lass aus deinen Füßen Wurzeln wachsen. Liebe die Verbindung zur Erde und nimm mein Pulsieren in dieser Verbindung wahr. Im Puls der Erde schenke ich dir Lebenskraft. Deine Wurzeln verbinden uns, und je mehr du sie in die Erde ranken lässt – indem du die Verbindung zur Erde spürst –, desto mehr erfülle ich dich und desto mehr wirst du dem Licht entgegenwachsen können. Wachse von unten nach oben – orientiere dich am Bild der Natur. Jede Pflanze ist der Erde verbunden und hat darin ihre Kraft gefunden. So bist auch du eine wundervolle Pflanze in Gottes Reich. Wachse hin zum Licht.

Wesen
des Engels der Erdung

Ich bin der Engel der Erdung, mein Wesen ist festigend und nährend. Jedes Wesen kann von mir gehalten und versorgt sein auf dieser Erde. Dazu ist die Nähe zur Erde wichtig – es ist nötig, sie zu spüren. Ich kann nur wirken, wenn ich durch die Verbindung zur Erde Wurzeln erkenne. Durch diese kann ich mich schenken und mit meinen wohlwollenden Kräften walten.

Gebet
zum Engel der Erdung

Lieber Engel der Erdung, ich öffne dir mein Herz und bitte dich darum, mich mit der Energie der Erdung, in der ich mit dir eins bin, zu erfüllen. Erlöse alles, was in mir noch deines Lichtes bedarf, um mich der Erde verbunden zu fühlen und Wurzeln zu spüren, durch die ich deine Kräfte empfange und dem Licht entgegenwachsen kann.

Begegnung
mit dem Engel der Erdung

Setze oder lege dich bequem hin und finde dich in deinem Atem wieder. Sei ganz bei dir – alle Geräusche, die um dich herum sind, sind gleichgültig. Nur du bist wichtig, nur dein Atem, der ruhig und gleichmäßig fließt, ohne dass du etwas dazu beiträgst – denn Gott atmet dich ... ein und aus ... ganz tief ... ruhig ... und regelmäßig ...

Spüre dein Gehaltensein von der Unterlage, auf der du dich befindest. Diese Sicherheit des Gehaltenseins, die Sicherheit durch den Boden unter dir, die Sicherheit durch das Wissen, dass du dich fallen lassen kannst, das ist der Klang des Urvertrauens – spüre ihn und atme diesen ein ... dankbar für das Wissen, dass du gehalten bist und dich fallen lassen kannst in Gottes Hand. Spüre die Liebe deines Engels für dich und nimm sie an mit den Worten: »Ich liebe mich!« Denn nur wenn du dich in Liebe öffnest, kann seine Liebe dich berühren ...

Stell dir nun vor, du stehst neben einem uralten, großen und wunderschön blühenden Baum. Die Baumkrone ragt in den Himmel, als würde sie jeden Moment die weißen Wolken berühren. Das satte Grün der Blätter erzählt dir von der Kraft des Baumes.

Und als dein Blick am Stamm hinuntergleitet, siehst du Wurzeln, die in den Boden ragen, so stark und fest verankert ... Du nimmst auf einem dieser vielen Wurzelarme Platz und kannst spüren, wie die Energie der Erde in den Baum pulsiert. Mit jedem Pulsieren spürst du, wie auch aus dir tiefe Wurzeln in die Erde ranken.

Wurzeln, die so stark sind und kraftvoll wie die des Baumes. Und deine Wurzeln verbinden sich mit den Wurzeln des Baumes und pulsieren im gleichen Rhythmus … ganz im Einklang mit der Erde. Spüre eine Weile hinein in dieses göttliche Geschehen …

Nun hast du mich erfahren und unsere Verbindung gespürt – deine tiefen Wurzeln haben die Schatztruhe der Erde berührt – du kannst immer aus ihr schöpfen.

Jetzt öffne deine Augen und spüre deine Hände. Spüre deine Füße und spüre den Boden, der dich trägt und der dich mit mir verbindet.

In mir liegt Wachstumssegen – nutze ihn auf deinen Wegen.

Poesie
aus der Verbindung mit dem Engel der Erdung

Der Baum des Lebens

*Starke Wurzeln ranken tief
in die Erde, die sie rief,*

um des Baumes Stamm zu halten,
den weisen, reifen, alten.

Nur verwurzelt kann er leben,
kann er sich ins Sein begeben,
kann gedeihen hin zum Licht ...
denn ohne Wurzeln geht es nicht.

Nie wurde ein Baum gefällt,
den nicht eine Wurzel hält.

Nie würd' ein Blatt grün und satt,
jede Baumeskrone bliebe unverwurzelt ohne.

Nur eingebettet in den Schoß der Erde
sagt das Leben: Wachs und werde!

Auch du sollst nicht ohne Wurzeln leben,
dich nicht auf Reise ohne Halt begeben.

Fühle dich der Erdmitte verbunden –
wie du in ihr Halt gefunden –
Wurzel an Wurzel an sie gebunden.

So wirst du stark und nicht mehr wanken,
grün und satt deine Lebensranken.

Denn der, der Erdennähe verspürt,
hat Kraft zu wachsen – bis er das Licht berührt ...

Affirmation

Ich bin mit der Erde ganz fest verbunden – meine Wurzeln haben
den Weg zur Erdmitte gefunden.
Mit der nährenden Erde Segen werde ich
mich nun zum Licht hinbewegen.

Der Engel der Heilung

Thema

- Was in mir bedarf meiner Aufmerksamkeit und des heilenden Flusses der Liebe?
- Achte ich auf mich und bin ich gut zu mir?
- Opfere ich mich für andere auf und komme selbst zu kurz?
- Kann ich auch nein sagen und mich abgrenzen?
- Kann ich mich selbst lieben und annehmen?
- Kann ich glauben, göttlich geführt zu sein und dadurch Heilung zu erfahren?

 Botschaft
des Engels der Heilung

*W*erde heil, geliebte Seele!
In deiner Heimat brennt ein Licht, das dich bis in die Welt der Illusionen durchströmt. In diesem Licht ist Heilsein eine Wahrheit – durchlichte dich und deinen irdischen Körper, indem du dein Herz öffnest und dieses Licht in jeder deiner Zellen wirken lässt. In Form von Lemniskaten wandert Heilungslicht in deinem Körper und malt der Innenwelt bis in die Seele fließende Lichter. Im Glanze deiner Augen spiegelt sich das Licht, das dich durchströmt. So soll es sein! Du bist das Heil, das sich dir schenkt – durch deine Wahl, im Licht zu leben. Lass dich von mir führen. Lass mich dich lieben, in meinem Glanz, der dir die Seele salbt und deine müden Augen strahlend macht. Lass mich dich erheben aus deinem Tal und aus deiner teuren Nacht. Doch nicht im Kampf spürst du mein Licht, das deinem Seelenlicht so verbunden ist. Ganz in der Liebe löst du die Ketten, die die Türen zu meinem Licht verschließen. Öffne dein Herz und atme mich … Atme Liebe, bis du das Fließen meines Lichtes fühlen kannst.

Die Menschen in deinem Umfeld, für die du gerne sorgst, haben den gleichen Zugang zu mir wie du – keiner muss aus eigener Kraft die Prüfungen des Lebens erfüllen. Doch sorgst du dich um andere mehr als um dich und ziehst die Grenzen nicht, dann werden diese gut gemeinten Hilfen dich deiner Kraft berauben – dann gibst du von der Kraft, die du selbst zum Heilen brauchst. Werde selbst erst ganz, und gib dem Nächsten so viel von deinem

Licht, dass auch du noch so viel hast, wie du brauchst, um gesund und glücklich zu sein. Dazu gehört auch, einmal nein zu sagen und Grenzen zu ziehen. Lebe deinen Nächsten vor, wie man in seine Kraft kommt und in seiner Kraft bleibt – so bringst du mehr Heil in die Welt, als du mit deiner Hände Hilfe jemals schaffen kannst. Ob und wann sie deinem vorgelebten Licht folgen, bestimmen sie alleine – das liegt nicht in deiner Macht. Segne sie und lasse los – alles wird sich dann zur rechten Zeit fügen. Kümmere dich um dich – denn so erreichst du jedes Herz und jede Seele in deiner Umgebung.

Werde heil, geliebte Seele, werde ganz Licht – komm in deiner Selbstliebe an, und nimm dich mit allen Gefühlen in den Arm. So wird sich der Prozess des Lichtes, den du im Inneren durchlebst, auch in deinem äußeren Leben zeigen – öffne dich dem Licht der göttlichen Führung. Nimm dich so an, wie du bist, und liebe dich. Lass alles Schwere und Dunkle los – lass es gehen. Erfinde und finde dich in der Freiheit deines Herzens und im Heil meines Wesens – ganz, lichtvoll und geheilt. Im Himmel auf Erden leuchtet mein Licht für dich. So gerne erfüllt es dich bis in die tiefste Zelle. Tanze, Herz – im Pulsieren meines heilenden Lichtes. Befreie dich durch Selbstliebe und Selbstannahme. Du wirst deinen Heilungsweg finden.

Wesen
des Engels der Heilung

Ich bin der Engel der Heilung, mein Wesen ist lichtvolle, transformierende, heilende, höchste Kraft. Mich zu erfahren, ist jedem gegeben, denn als göttliches Erbe bin ich jedem zu eigen. Nur ist die Kraft, die dich mich erfahren lässt, im glaubenden Herzen verankert. Der Atem trägt mich in diesem Herzensgefühl dorthin, wo mein transformierendes und heilendes Licht gebraucht wird.

Glaube an die Kraft der Liebe – und atme mich in diesem Glauben ein ... und aus ... Atme alle gebundenen Gefühle darin ein und aus. Schenke uns Verbindung. In dieser Verbindung wird sich das Licht offenbaren. Man kann meine Energie jedem Menschen in segnenden Gebeten senden – in Verbindung mit dem Engel der bedingungslosen Liebe, dem Engel des Glaubens und Vertrauens und dem Engel des Verzeihens werden Herzen geöffnet, und der Mensch kann heilen.

Gebet
zum Engel der Heilung

Lieber Engel der Heilung, ich öffne dir mein Herz und bitte dich darum, mich mit der Energie der Heilung, in der ich mit dir eins bin, zu erfüllen. Erlöse alles, was in mir noch deines Lichtes bedarf, um mit dir und durch dich heil zu sein auf allen Ebenen des Seins und in allen Momenten der Zeit – weil ich mich selbst liebe, selbst annehme und weil ich wähle, das Licht der vollkommenen Heilung zu erleben.

Begegnung
mit dem Engel der Heilung

Setze oder lege dich bequem hin und finde dich in deinem Atem wieder. Sei ganz bei dir – alle Geräusche, die um dich herum sind, sind gleichgültig. Nur du bist wichtig, nur dein Atem, der ruhig und gleichmäßig fließt, ohne dass du etwas dazu beiträgst – denn Gott atmet dich … ein und aus … ganz tief … ruhig … und regelmäßig …

Spüre dein Gehaltensein von der Unterlage, auf der du dich befindest. Diese Sicherheit des Gehaltenseins, die Sicherheit durch den Boden unter dir, die Sicherheit durch das Wissen, dass du dich fallen lassen kannst, das ist der Klang des Urvertrauens – spüre ihn und atme diesen ein … dankbar für das Wissen, dass du gehalten bist und dich fallen lassen kannst in Gottes Hand. Spüre die Liebe deines Engels für dich und nimm sie an mit den Worten: »Ich liebe mich!« Denn nur wenn du dich in Liebe öffnest, kann seine Liebe dich berühren ... Und nur die Kraft der Liebe vermag es, alle Gefühle und Wunden zu heilen, indem sie dich mit der Quelle und ihrer göttlichen Ordnung vereint.

Stell dir nun vor, dass du vor einem großen Puzzle stehst – auf der einen Seite liegen die Teile getrennt voneinander – und auf der anderen Seite ist dasselbe Puzzle schon vollkommen fertig gebaut. Die Seite mit dem komplett fertigen Puzzle können nur die Seele und das Herz erkennen. Die andere Seite, auf der die Teile auseinanderzuliegen scheinen, spiegelt das Erfassen und Erkennen der Teile in den Menschenaugen und in den Gedanken in der Welt der Dualität.

Dann fühlst du einen Gedanken, der ganz liebevoll und herzlich ist, und kannst beobachten, wie Licht durch die Zwischenräume der Puzzleteile fließt und wieder ein paar Teile davon verbindet. Je mehr du liebevoll an dich selbst denkst sowie an die Lösung und Führung in einer Situation und je mehr du deine Schattenseiten annimmst und sie in den Arm nimmst, weil du weißt, dass sie wie ein verstoßenes Kind deine Liebe brauchen, desto mehr Licht fließt zwischen den Teilen und desto mehr Teile verbinden sich – der Raum dazwischen ist und war Illusion – in Licht und Liebe haben sich die Teile wieder gefunden – liebend verbunden. Bis du schließlich irgendwann – zur rechten Zeit – ganz bist. So wundervoll und vollkommen wie das Bild, das auf der Seite liegt, die nur die Seele und das Herz erkennen. Dort liegt dein wahres Wesen, und es ist vollkommen.

Beobachte die Teile, wie sie sich im Licht verbinden. Und weil du dem Bild in Liebe gefolgt bist, hast du nun genau dieses vollkommene Bild erschaffen. In der Wahrheit des Lichtes bist du heil!

Nun öffne deine Augen und spüre deine Hände und Füße. Spüre, wie sie den Boden berühren und fest mit ihm verbunden sind. Sie sind mit dem Boden ebenso verbunden wie du mit meinem Licht – dem Heil der Welt.

Poesie
aus der Verbindung mit dem Engel der Heilung

Dein Weg ist ein göttlicher

Jeder Schritt, den du tust, soll deiner Füße Sohlen
mit zarten Blüten kleiden.

Jede Strecke, die du gehst und die dir in Atemzügen
gezählt gar abertausendmal zu lang erscheint, soll
sich in Sternenglanz dir wieder schenken, mit goldenen
Klängen, gemacht aus Tränen, die du hast geweint.

Engelsscharen, die deine Sinne beleben,
werden dir vom Brunnen des Lebens zu trinken geben.

Himmelschöre, die dich vereint erheben,
werden auf zaghaften Tagesreisen dich viele Male
erneut beleben.

Real existierende lichtvolle Wesen werden dir
Tag für Tag aus dem Herzen lesen und die Stufen
deinen Schritten anpassen. Sie werden immer da sein
und dich niemals verlassen.

So geh den Weg, der wahrhaft göttlich ist,
so wie die Gottheit des Sieges Flagge hisst,
weil sie dein Erbe und du ihr Herzblut bist.

Lass dich von göttlichen Mächten führen –
sie werden dich weisen – du wirst es spüren.

Affirmation

Ich nehme meinen Platz
in der göttlichen Ordnung ein und lasse mich
erfüllen von dem Lebenselixier
der alleinen Liebe.
Die Liebe heilt alles – ich schenke mir
selbst diese Liebe.
In der Liebe Licht bin ich geführt und beschützt.

Der Engel der Lebensfreude

Thema

- Bin ich oft betrübt?
- Sehe ich das Leben aus einem Blickwinkel, der mir zeigt, wie wertvoll jeder Tag und jeder Augenblick dieser Erdenreise ist?
- Spüre ich Lust zu leben?
- Erlaube ich mir, mit meinen Mitmenschen zu feiern?
- Erlaube ich mir, laut zu lachen und zu jubeln?
- Wann habe ich mir zum letzten Mal einen Wunsch erfüllt, der leicht zu erfüllen ist, den ich jedoch aus banalen Gründen immer wieder zurückgestellt habe?

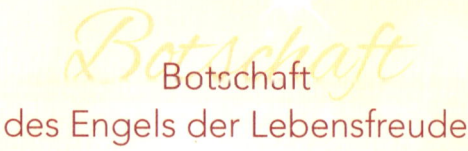

Botschaft
des Engels der Lebensfreude

Geliebte Seele,

die Freude am Leben ist pure Kraft und Energie. In dieser Energie tanze und erfreue dich. Freude am Leben ist ein heilender Fluss. Finde Möglichkeiten, dich jeden Tag, jede Stunde, jede Minute, jeden Augenblick am Leben zu erfreuen. Hab Lust zu leben – zeig dem Leben, dass du es gerne lebst! Ich stehe ganz bei dir und erfülle dein Herz – deinen gesamten Raum – mit den herrlichsten und freudigsten Gefühlen, in denen ich mich dir nur schenken kann – doch wähle mich. Möglichkeiten, mich zu wählen, gibt es während des Tages so viele!

Feiere jeden Augenblick als ein Fest – feiere das Leben und alles das, was dir zeigt, dass du am Leben bist. Geh hinaus in die Weite und rufe ganz laut: »Ich lebe! Ich liebe das Leben!« Tanze, singe und springe vor Freude und Glück über dieses wunderbare Geschenk: Leben!

Von meiner Energie erfüllt, wird dir kein Weg zu lang und keine Prüfung zu schwierig sein. Denn du weißt: Wenn du das Leben feierst – in mir – und so dem Leben zeigst, dass du es liebst, dann wird das Leben sich dir im Fluss der überschäumenden Freude schenken.

Lebe – und freue dich des Lebens in jedem Augenblick!

Wesen
des Engels der Lebensfreude

Ich bin der Engel der Lebensfreude, mein Wesen ist Freude am Sein im Erfahren und Leben des Augenblicks. Jeder kann mich wählen und mit mir durchs Leben tanzen. In meiner Energie liegt Leichtigkeit – sie will erfahren werden. Man muss sich öffnen für diese wundervolle Möglichkeit, in Freude durchs Leben zu tanzen, und mich – wie jede Engelenergie – einladen. Man muss die Blickwinkel so wählen, dass man Freude findet ... Es ist wie immer eine Frage der Wahl – wie man etwas betrachtet. Blicke stets mit dem Herzen und fühle, wie sehr du das Leben liebst und wie du voller Freude bist, dich in diesem Augenblick auf dieser Reise zu befinden – egal, wo du bist und was du tust. Sprühe vor Lebensfreude – ich schenke mich dir so gerne. In meiner Energie wird Schweres leichter.

Gebet
zum Engel der Lebensfreude

Lieber Engel der Lebensfreude, ich öffne dir mein Herz und bitte dich darum, mich mit der Energie der Lebensfreude, in der ich mit dir eins bin, zu erfüllen.

Erlöse alles, was in mir noch deines Lichtes bedarf, um mit dir und durch dich in Freude und Leichtigkeit durchs Leben zu tanzen.

Begegnung
mit dem Engel der Lebensfreude

Setze oder lege dich bequem hin und finde dich in deinem Atem wieder. Sei ganz bei dir – alle Geräusche, die um dich herum sind, sind gleichgültig. Nur du bist wichtig, nur dein Atem, der ruhig und gleichmäßig fließt, ohne dass du etwas dazu beiträgst – denn Gott atmet dich ... ein und aus ... ganz tief ... ruhig ... und regelmäßig ...

Spüre dein Gehaltensein von der Unterlage, auf der du dich befindest. Diese Sicherheit des Gehaltenseins, die Sicherheit durch den Boden unter dir, die Sicherheit durch das Wissen, dass du dich fallen lassen kannst, das ist der Klang des Urvertrauens – spüre ihn und atme diesen ein ... dankbar für das Wissen, dass du gehalten bist und dich fallen lassen kannst in Gottes Hand. Spüre die Liebe deines Engels für dich und nimm sie an mit den Worten: »Ich liebe mich!« Denn nur wenn du dich in Liebe öffnest, kann seine Liebe dich berühren ...

Stell dir nun vor, du stehst auf einer Wiese, und auf dieser Wiese findet eine Feier statt – nur für dich. Viele Menschen und auch Engel feiern und tanzen – zu deinen Ehren. Alles, was dir im Leben oft schwerfällt, kannst du an einem Erlebnisstand auf diesem Fest mit einer Person deiner Wahl oder auch einem Engel deiner Wahl ganz feierlich und voller Spaß und guter Laune zelebrieren. Dir wird dabei geholfen, dass du auch diese Situation in Freude und Leichtigkeit erleben kannst. Und es gelingt dir gut! Du bedankst dich bei deinem Helfer und freust dich schon fast darauf, die Freude, die du in dieser Situation gerade erlebt hast, in einer ähnlichen oder in derselben Situation wieder zu erleben.

Dann feierst du noch ein wenig weiter mit den Menschen und den Engeln – und genießt dieses belebende Elixier der Lebensfreude, die im Lachen der Menschen und Engel sprüht. So, denkst du bei dir, entscheide ich mich ab jetzt, dem Leben zu begegnen. Du erkennst, dass du das Leben oft schon zu schwer genommen hast. Doch nun weißt du: Lebensfreude gibt Energie – und Energie schenkt Leben!

Nun öffne deine Augen und spüre deine Hände und Füße. Spüre, wie sie den Boden berühren und fest mit ihm verbunden sind.

Lebe in Freude und Leichtigkeit. Mein Licht strahlt durch dein lebensfrohes Lächeln in die Welt.

Poesie
aus der Verbindung mit dem Engel der Lebensfreude

Wunder des Augenblicks

Dieser Augenblick ist Magie –
ist Wunder einer Kinderwelt.

In diesem Augenblick die Phantasie
der Himmelsbrücke eine Hand hinhält ...

In eine Anderswelt – dem Menschsein zu entfliehen,
dorthin, wo die Wolken und die bunten Vögel ziehen ...

Der Blick des Staunens führt in jenes Reich,
wo Flüsse golden und wo Wiesen weich.

Er lässt von Momenten erzählen,
die wir Kindheit zu nennen wählen ...

Wie sagenhaft des Blickes Kraft dem Augenblick
sein Kleid verschafft.

Wie wunderprächtig anzusehen und
Kinderaugen zu verstehen ...

Wie töricht, nicht dem Blick zu folgen, dorthin,
wo seine Wurzeln sind –
zu enden in des Blickes Wiege –
dort liegt geborgen warm das staunende Kind.

Affirmation

In Freude und Leichtigkeit lerne ich Leben neu.
Ich begegne dem Leben mit einem
strahlenden Herzenslächeln.

Der Engel des lichtvollen Segens

Thema

- Was bedarf des Segens – worum sorge ich mich?
- Steht mir eine besondere Situation bevor, die ich gerne segnen möchte?
- Segne ich täglich mich und meinen Weg sowie auch meine Liebsten und deren Wege?
- Segne ich meine Vorhaben und Ziele?
- Segne ich mit ganzem Herzen oder nur halbherzig?
- Bitte ich um himmlischen Segen?

Botschaft
des Engels des lichtvollen Segens

Geliebte Seele,

segne und du wirst gesegnet sein. Ein großes Licht, das du auf Erden schenken kannst – auch dir selbst – ist der Segen. Bitte den Himmel um seinen Segen. Segne dich selbst und segne deine Wege. Segne die Menschen und Länder dieser Erde sowie alle deine Vorhaben und Gedanken. So sollte jede Mutter ihr Kind mit ihrem Segen den Tag beginnen lassen – Muttersegen ist ein zartes Licht – es schützt und wärmt. Sende den Segen mit freudigem Herzensgruß auf deinen Wegen voraus, und gehe in Gottvertrauen diesen lichtvollen Weg entlang. Segne, segne, segne. Aller Segen wird dir widerfahren, den du inniglich und liebevoll verschenkst. Im Segen erbaut sich eine Energie – lieblich und wohlwollend, himmlisch und wahrhaftig, schützend und heilend. So du segnest, bist du ein Segen für die Welt. So du segnest, bist du dir selbst ein Segen. Verbinde dich mit mir und lass dein Leben ein Fest des Segens sein – segne den Regen und segne den Sonnenschein. Segne, geliebte Seele, es ist der Himmel, den du im Segnen auf die Erde bringst. Alles, was voll Segen ist, wird dir – vom Licht deines Segens geliebt – als lichtvolle Wahrheit entgegenkommen. Sei gesegnet!

Wesen
des Engels des lichtvollen Segens

*I*ch bin der Engel des lichtvollen Segens, mein Wesen ist reines, gütiges, segnendes Licht. Aus jedem Herzen kann man mich schenken und an jeden Ort kann man mich senden – Zeit und Raum können mir keine Grenzen setzen. Mit mir wird allem Segen zuteil. Ein frommer Segen im Herzen gesprochen, bringt mich an den Ort der Wahl. Dort werde ich im Licht, durch das ich ausgesandt wurde, wirken. Segne, geliebte Seele – durch dein Herz will ich fließen.

Gebet
zum Engel des lichtvollen Segens

*L*ieber Engel des lichtvollen Segens, ich öffne dir mein Herz und bitte dich darum, mich mit der Energie des lichtvollen Segens, in der ich mit dir eins bin, zu erfüllen. Erlöse alles, was in mir noch deines Lichtes bedarf, um mit dir und durch dich den lichtvollsten Segen auszusenden und zu empfangen.

Begegnung
mit dem Engel des lichtvollen Segens

Setze oder lege dich bequem hin und finde dich in deinem Atem wieder. Sei ganz bei dir – alle Geräusche, die um dich herum sind, sind gleichgültig. Nur du bist wichtig, nur dein Atem, der ruhig und gleichmäßig fließt, ohne dass du etwas dazu beiträgst – denn Gott atmet dich ... ein und aus ... ganz tief ... ruhig ... und regelmäßig ...

Spüre dein Gehaltensein von der Unterlage, auf der du dich befindest. Diese Sicherheit des Gehaltenseins, die Sicherheit durch den Boden unter dir, die Sicherheit durch das Wissen, dass du dich fallen lassen kannst, das ist der Klang des Urvertrauens – spüre ihn und atme diesen ein ... dankbar für das Wissen, dass du gehalten bist und dich fallen lassen kannst in Gottes Hand. Spüre die Liebe deines Engels für dich und nimm sie an mit den Worten: »Ich liebe mich!« Denn nur wenn du dich in Liebe öffnest, kann seine Liebe dich berühren ...

Spüre seine Liebe in deiner Herzenswelt, und in und aus dieser Liebe lass einen Lichtstrahl entstehen, der deinen Weg und ein gewünschtes Ziel erhellt und umhüllt. Lasse dieses Licht dort scheinen und fühle die wirkende Kraft dieses segnenden Lichtes, das zu deinem und zum Wohle aller auf diesem Weg und an diesem Ziel zu scheinen vermag. Nun kannst du dir sicher sein – dein Segen ist angekommen, und alles wird sich zum Besten für alle Beteiligten und natürlich auch für dich entfalten. Immer wieder segne ich gerne dich und deine Anliegen auf diese lichtvolle Weise.

Atme nun dreimal tief ein und tief aus und komme wieder in dir an. Öffne deine Augen und spüre deine Hände und Füße. Spüre, wie sie den Boden berühren und fest mit ihm verbunden sind.

Es ist alles getan und für alles gesorgt – der Segen meines Lichtes wirkt.

∽

Poesie
aus der Verbindung mit dem Engel des lichtvollen Segens

TagTraum – TraumTag

In eines Traumes langen Tags gefangen,
schien mir das Grau der Welt ganz licht zu sein ...

Es löste auf das Band des Zorns,
das jahrelang so fest gehangen,
und an eines Wunderwesens holder Wange verglühte es –
ward Sonnenschein ...

Im Traum mich wandelbar die Füß und Flügel trugen
durch Wälder, deren Glanz in alle Ferne schien ...

Gedankengut verblasste weiter,
je schneller meine Flügel schlugen,
der Ton, mein Inneres, es tönte heiter:
Ich muss nicht vor mir selber fliehen.

Des Traumes Tiefe ließ mich immer tiefer
in jenes lächelnde Verstehen blicken,
und jene mir verwandte Seele ließ mir
des weichen Wegs entlang
die hilfreich schönsten Töne schicken.

Inmitten von Bäumen weit entfernter Täler
war eine Lichtung –
die Sehnsucht, sie zu sein, verhalf mir
zum Einschlag einer Richtung ...

So fing ich an zu wandern,
als mir ein Blatt vor meine Füße fiel ...
Es folgte schwebend eins dem andern –
am End des Folgens dieser Helfer war ich
ganz ohne Müh am Wegesziel.

Affirmation

Ich gebe Licht und empfange Licht.
Das Licht des Segens leuchtet mir
auf meinem Weg voraus.

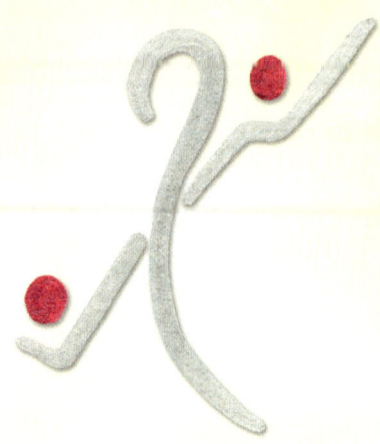

Der Engel der Schöpfung

Thema

- Erschaffe ich bewusst mein Leben – bin ich mir meiner Schöpferkraft bewusst?
- Durchlebe ich immer wieder die gleichen Prüfungen beziehungsweise erschaffe ich mir unbewusst immer wieder dieselben Aufgaben, in denen ich mich und mein Licht finden kann?
- Steht hinter meinen Zielen eine reine Absicht und kommen sie allen Beteiligten zugute?

Botschaft
des Engels der Schöpfung

Geliebte Seele,

du bist ein Schöpfer, und jeder Tag ist ein heiliger Akt. Du bist das Leben selbst und erlebst dich als erschaffene Erfahrung in einer Welt der illusionären Kunst. Dieser Schöpfer, der da in dir ist und dessen Kraft du tagtäglich nutzt, um das Leben zu zelebrieren, ist Teil jener unendlichen Quelle, aus der die großen Meister schöpfen. Wenn dir bewusst ist, dass du mit den Meistern an einem Tisch sitzt und dass derselbe Krug eure Gläser füllt, wenn dir bewusst ist, dass ihr auf Augenhöhe der Quelle für ihr Sein dankt und sie feiert, dann wirst du erfahren, dass keiner außer dir der Quelle näher ist – und mit dir alle anderen, die sich bewusst sind, dass sie Schöpfer sind.

Mit jedem neuen Tag, an dem die Sonne aufgeht, wirst du eingeladen, die Leinwand erneut zu bemalen, deinen Garten zu hegen und zu pflegen. Zeichne deine Träume in den Himmel und sieh, wie die Sterne sie mit ihrem Licht bedecken, damit sie am rechten Tag kraftvoll und bereit sind zu erwachen – in deiner Welt der Schöpfung. Glaube und vertraue deinen Sehnsüchten, denn sie sind der Ruf jener Stimme, die dir deine Flügel zeigt. Lerne zu fliegen und vergiss doch deine Wurzeln nicht – immer mit beiden Beinen fest am Boden und den Geist lächelnd ausgerichtet auf das Licht.

Die Kraft des ganzen Universums
sammelt sich an einer Stelle,

und alle lichtvollen Wesenheiten
laden dich an jenem Ort zum Tanz.

Dorthin zu kommen, bedarf des Geistes Schritt
über die Schwelle –
die Schwelle aus Glauben, Vertrauen und
reiner Absicht Herzensglanz.

Ein Mensch, der in reiner Absicht schöpft und der weiß, dass seine Ziele dem Wohl des Ganzen dienen, dem wird aus allen Himmelsrichtungen Hilfe zuteil. Den geistigen Gesetzen unterliegend, geht nie ein Schöpfungsakt verloren – alles wird zur rechten Zeit und am rechten Ort geboren. Strebe nach einem Herzen voller Liebe, und erbaue eine Welt, in der Nächstenliebe und Frieden sich die Hände reichen. Im inneren Wissen, solch eine Welt zu erleben, darfst du voller Freude und Vertrauen nach vorne schauen. Sieh nur, wie aus dem Nichts ein ganzes Universum entstanden ist. Die Quelle der Kraft dieses Akts ist auch deine Quelle – so sollten Liebe und Frieden als Schöpfungsakt für diese Kraft doch nur ein Windhauch sein ...

Der Segen des Lichtes sei immer mit dir.

Wesen
des Engels der Schöpfung

Ich bin der Engel der Schöpfung, mein Wesen ist schöpferisch erschaffendes Fließen. Ich bin jedem Augenblick zuteil und wirke unaufhörlich. Man kann mich nicht nicht erfahren. Nur kann man mich unbewusst oder bewusst nicht im lichtvollen Sinn nutzen. Denn du bist ein Schöpfer und wirkst in meinem Wesen, das sich danach sehnt, lichtvoll erschaffen zu werden. Werde dir deiner Schöpferkraft bewusst.

Gebet
zum Engel der Schöpfung

Lieber Engel der Schöpfung, ich öffne dir mein Herz und bitte dich darum, mich mit der Energie der Schöpfung, in der ich mit dir eins bin, zu erfüllen. Erlöse alles, was in mir noch deines Lichtes bedarf, um mit dir und durch dich bewusst einen lichtvollen Weg zu erschaffen – mit meiner bewussten Wahl in Verbindung mit deinem höchsten Schöpferlicht.

Begegnung
mit dem Engel der Schöpfung

Setze oder lege dich bequem hin und finde dich in deinem Atem wieder. Sei ganz bei dir – alle Geräusche, die um dich herum sind, sind gleichgültig. Nur du bist wichtig, nur dein Atem, der ruhig und gleichmäßig fließt, ohne dass du etwas dazu beiträgst – denn Gott atmet dich … ein und aus … ganz tief … ruhig … und regelmäßig …

Spüre dein Gehaltensein von der Unterlage, auf der du dich befindest. Diese Sicherheit des Gehaltenseins, die Sicherheit durch den Boden unter dir, die Sicherheit durch das Wissen, dass du dich fallen lassen kannst, das ist der Klang des Urvertrauens – spüre ihn und atme diesen ein … dankbar für das Wissen, dass du gehalten bist und dich fallen lassen kannst in Gottes Hand. Spüre die Liebe deines Engels für dich und nimm sie an mit den Worten: »Ich liebe mich!« Denn nur wenn du dich in Liebe öffnest, kann seine Liebe dich berühren … Liebe ist der Schlüssel – sie öffnet die Tür zur Himmelswelt. Sie öffnet alle Türen, selbst die schwersten.

Stelle dir nun vor, wie du dich am Rande einer hellen Lichtung befindest und wie du im Kreise vieler Engel und Meister um eine Kugel stehst, die dir die Welt zeigt. Alle steht ihr rund um die Erdkugel und könnt beobachten, wie die vielen Erdenseelen in jedem Augenblick ihr Leben und ihre Erfahrungswelt erschaffen. Du fragst den Engel oder den Meister links neben dir, warum du dieses Bild gezeigt bekommst, und es wird dir gesagt, dass dies deinem Bewusstsein dient – du sollst dir deiner Schöpferkraft bewusst werden. Im gleichen Augenblick streift dich der Gedanke an eine Blumenwiese mit herrlichem Vogelgezwitscher und Kinderlachen – dieser Gedanke erfüllt dich im Herzen mit Freude – du kannst die warme, sonnendurchflutete Wiese fühlen und fast riechen. Und ehe du dich besinnst, stehst du mit den Meistern und der Erdkugel nicht mehr auf der Lichtung, sondern auf eben dieser Wiese. Deine Frage an den Engel oder Meister rechts neben dir, wie das sein kann, wird wie folgt beantwortet:

»In unseren Sphären geht es, gedankenschnell zu erschaffen. Das, was du mit allen Sinnen erfährst und mit deinem Geist erfüllst, das wird auch in deiner Welt durch deine Wahl leben. Erkenne dich – und erschaffe bewusst und mit Bedacht. Das Gedeihen der Dinge in deiner Welt ist nur eine Frage der von euch erschaffenen Zeit.«

Nun öffne deine Augen und spüre deine Hände und Füße. Spüre, wie sie den Boden berühren und fest mit ihm verbunden sind.

Sei im Einklang, geliebter Schöpfer, mit der bewussten Kraft der Liebe.

Poesie
aus der Verbindung mit dem Engel der Schöpfung

Die Gärtnerin des Lebens

Die Gärtnerin des Lebens, sie weiß um jedes Korn.
Nichts pflanzt sie je vergebens, aus allem wird's gebor'n.
Mit viel Geduld und Liebe lässt sie ihr Gut gedeih'n.
So treibt's die schönsten Triebe, die ihr die Wege weih'n.

Sie weiß um die Verwandlung der Pflanze,
wenn man lacht.
Sie weiß, dass jede Handlung was mit der Pflanze macht.

Und auch ist's kein Geheimnis, dass nur zur rechten Zeit
die Blüte kommt zum Vorschein,
die hin zum Licht gedeiht.

So bist auch du ein Gärtner, der seine Samen sät.
Der selbst sein Leben waltet und
doch nach Gründen späht.

Ein jeder deiner Samen, die du dem Leben gibst,
ist deines Lebens Rahmen – des Lebens, das du liebst.

Pflanze bedacht und achtsam, stets fröhlich und voll Mut,
so wie die Gärtnerin des Lebens dies allzu gern auch tut.

Sie weiß, dass alles blüh'n wird – und pflanzt
bei Tag und Nacht,
im Wissen, dass die Liebe den Garten gern bewacht.

Geduld ist ihre Stärke, sie glaubt, was sie nicht sieht.
Sie weiß um ihre Werke und was dadurch geschieht.

So sei dir einfach sicher, dass alles, was du pflanzt,
so wie das Korn im Sommer zur rechten Zeit
dir in dein Leben tanzt!

Affirmation

Ich bin mir meiner Schöpferkraft bewusst
und erschaffe mein Leben aus dem Bewusstsein
der Liebe heraus.

Der Engel des Friedens

Thema

- Bin ich im Frieden mit mir selbst?
- Bin ich ein friedliebender Mensch?
- Finde ich keinen Frieden?
- Welche Situation lässt mich nicht ruhen und zwingt mich in den Kampf?
- Wogegen kämpfe ich an?

Botschaft
des Engels des Friedens

Geliebte Seele,
komme in dir an und versuche nicht, die Dinge zu ändern. Sei in Frieden mit allem, und erkenne den tiefen Sinn, die Richtigkeit der Dinge zur rechten Zeit. Mein Frieden ist dort zu Hause, wo alles angenommen ist. Ohne die Dinge ändern zu wollen, spürt man meine friedliche Leichtigkeit. Wenn du erkennst, dass Frieden ein Ort in dir ist, der von dir erbaut werden will, wenn du erkennst, dass Frieden wahre Freiheit über den Geist ist, dann werde ich in deinem Herzen wohnen und dich erfüllen mit meinem Reichtum, der unbezahlbar ist.

Wer Frieden findet schon auf Erden,
dem wird der Himmel sichtbar werden.
Denn Frieden öffnet das Himmelstor –
öffne es – du stehst seit Anbeginn davor ...

In meinem Arm wiege ich alle Länder dieser Erde. Ich hauche ihnen mein Erleben ein – immer dann, wenn ich durch Menschenherzen sichtbar werde ... Nichts muss man mir geben für meine Energie, die ich so gerne schenke. Man muss nur in sich erleben, wie es sich anfühlt, wenn ich, der Frieden, die Gefühle lenke. Es geht darum, den Frieden meines Wesens wirklich zu WOLLEN – nicht um friedlich sein zu SOLLEN. Es geht wie immer um die Aufrichtigkeit im Leben – danach zu trachten – danach zu streben. Wenn um dich die größten Gewitter toben, dann geh in dich, um dort meinen Frieden zu loben. Denn in dir ist eine Welt, größer als du jemals denkst – sie will von dir erlebt werden – in allem, was du ihr nach innen schenkst. Du findest mich in ihr an einem stillen Ort, wo fragende Gedanken schweigen ... Mach dir das Erleben meiner Energie an diesem Ort zu eigen – so kann ich dir auch deine Außenwelt in meiner vollsten Blüte zeigen.

Friede sei mit dir und allen Wesen.

Wesen
des Engels des Friedens

Ich bin der Engel des Friedens, mein Wesen ist friedvolles Sein. In jedem Herzen ist Raum, um mich in der Stille zu erfahren. Nur lässt Urteil und Kampf meine Energien nicht einziehen. Ohne zu beurteilen jedoch und ohne in den Kampf zu gehen, kann ich das ganze Herz bewohnen und so auch das Leben im Außen berühren und erfüllen. Erfahre den Segen, in meinem Licht zu leben. Es werde Frieden in dir.

Gebet
zum Engel des Friedens

Lieber Engel des Friedens, ich öffne dir mein Herz und bitte dich darum, mich mit der Energie des Friedens, in der ich mit dir eins bin, zu erfüllen. Erlöse alles in mir, was in mir noch deines Lichtes bedarf, um in der Freiheit meines Herzens in deinem Frieden zu leben.

Begegnung
mit dem Engel des Friedens

Setze oder lege dich bequem hin und finde dich in deinem Atem wieder. Sei ganz bei dir – alle Geräusche, die um dich herum sind, sind gleichgültig. Nur du bist wichtig, nur dein Atem, der ruhig und gleichmäßig fließt, ohne dass du etwas dazu beiträgst – denn Gott atmet dich … ein und aus … ganz tief … ruhig … und regelmäßig …

Spüre dein Gehaltensein von der Unterlage, auf der du dich befindest. Diese Sicherheit des Gehaltenseins, die Sicherheit durch den Boden unter dir, die Sicherheit durch das Wissen, dass du dich fallen lassen kannst, das ist der Klang des Urvertrauens – spüre ihn und atme diesen ein ... dankbar für das Wissen, dass du gehalten bist und dich fallen lassen kannst in Gottes Hand. Spüre die Liebe deines Engels für dich und nimm sie an mit den Worten: »Ich liebe mich!« Denn nur wenn du dich in Liebe öffnest, kann seine Liebe dich berühren ...

Stelle dir nun vor, wie du als König aus dieser Liebe heraus, die du für alle Menschen fühlst, eine weiße Fahne schwenkst, die das Ende des Kampfes einläutet. Es ist kein Aufgeben – es ist ein Gewinn – der Gewinn des Friedens, den du allen Menschen damit schenkst. Alle Menschen, die zuvor noch gekämpft haben, fallen sich in die Arme, weil sie endlich aufhören können zu kämpfen. Die Liebe deines königlich handelnden Herzens hat es ihnen erlaubt. Alles ist in diesem Ende des Kampfes gewonnen. Selbst die vermeintlichen Gegner lächeln im Frieden und der Gewissheit über einen Sieg, der im Beenden des Kampfes liegt. Ein weiser alter Mann geht auf dich zu und sagt: »Du hast wahrhaft göttlich gehandelt. Denn nur der Frieden bringt den Sieg. Du hast das Heil des Friedens in dir – so bist du das Heil der Welt – denn wie innen so außen. Du bist wahrhaftig ein weiser König in Gottes Reich.« Mit einem tiefen Blick in deine Augen dreht er sich zufrieden um und geht in die Menge der liebenden und lächelnden, der zufriedenen Menschen und ruft: »Endlich hat der Engel des Friedens auch unser Land erreicht.« Frieden ist eingezogen, und der Weg ist frei für die Liebe. Liebe kann nun gedeihen. Es kann auf Erden nun Himmel werden.

Öffne nun wieder deine Augen und spüre deine Hände und Füße.
Spüre, wie sie den Boden berühren und fest mit ihm verbunden sind.

Sei in Frieden mit allem – weil so die Liebe wirken kann.

Poesie
aus der Verbindung mit dem Engel des Friedens

Der Steuermann des Lebens

So fuhr ich endlos lange Jahre
auf einem Meer, das Leben heißt.

Im Glauben, dass der Wind allein
den Weg zur Friedensinsel weist.

Vor Ungeduld kaum auszuhalten,
so wollt kein Sturm, kein Wellengang
mir meinen Weg dorthin verwalten,
doch immer größer wurd' der Drang.

Gefangen schien ich zu ertrinken,
bis ich den Anker vor mir sah.

Ich sah die Fahne vor mir winken,
ein Schiff der Rettung war ganz nah.

Die Leiter schien für mich zu stehen,
ich musste nur die Sprossen noch alleine gehen.

Und als ich mich am Steg befand,
da standen Stiefel und hing mein Gewand.

Keine Seele außer mir
war auf dem Schiff, nur ich war hier.

Sag, war ich blind die ganzen Jahr,
weil ich, wie's scheint, der Seemann war?

Es kam mir niemals in den Sinn,
dass ich gar nicht gefangen bin.

Zu lenken, dass den Weg ich find,
das mach nun ich und nicht der Wind.

Nicht im Außen sollt ich um Hilfe fleh'n –
ich musste nur selbst an dem Steuerrad dreh'n!

Lebenselixier

Wie bin ich friedvoll, wenn der Sonne Licht
mich sanft liebkost.

Wie bin ich selig, wenn die Blümlein ihre Fühler
leis dem warmen Licht entgegenstrecken.

Wenn auch der Welten Lärm wie wild das Land umtost,
lass ich mich nicht aus meiner Traumwelt wecken.

Zu kostbar ist dies Gut, dass man im Stillen
nur kann erfahren.

Zu lieblich das Gefühl, dass einem kann die
vollkommene Natur so offenbaren.

Ein kleiner Augenblick in diesem himmlischen Moment –
weh dem, der dieses Lebenselixier nicht kennt –
kann heilen, Trost sein, spenden neue Kraft,
kann Taten helfen zu vollbringen,
die man ohne dies nicht schafft.

So lass dich fangen von der Natur göttlicher Gestalt –
entflieh dem Alltag – wenn's sein muss mit Gewalt ...

Affirmation

Ich entzünde mein Friedenslicht
und atme in der Freiheit
meines friedvollen Herzens.

Der Engel des Spiegelblicks

Thema

- Erkenne ich in äußeren Umständen meine Innenwelt?
- Ist mir bewusst, dass eine Veränderung oder Wandlung immer in mir selbst beginnt und dass sich dann die Außenwelt dem Inneren anpasst?
- Was wird mir immer wieder im Spiegel des Außen gezeigt, was ich zu erlösen habe?
- Wo will ich nicht hinsehen?
- Was machen immer wiederkehrende Situationen mit mir – was lösen sie in mir aus?

Botschaft
des Engels des Spiegelblicks

Geliebte Seele,

siehst du den Spiegel des Universums? In jedem Augenblick schaust du hinein. Du denkst, er wäre im »Außen« – getrennt von dir – doch er ist es nicht ... Alles ist mit allem verbunden ... Und alles, was du jemals im Außen findest, hast du zur gleichen Zeit auch in dir gefunden.

Das Leben geschieht nicht dort, wo der Blick hinschaut –
es geschieht in einer Welt, in die sich so mancher
nicht zu blicken getraut,
weil er so oft schon finstere Täler gebaut.

Doch jedes finstere Tal wird wieder sonnig sein,
lässt man das Herzenslicht durch seine Wahl hinein.

Indem du in den Spiegel blickst, erkennst du deine Wahl – bewusst oder unbewusst. Alles wird dir darin gespiegelt, selbst deine ältesten Gefühle und Gedanken aus der Vergangenheit ...

Kein Bild darin kann man in Scherben brechen –
der Spiegel lässt sich nicht zerstören.

Er ist dir gut gesinnt und will nur zu dir sprechen –
und will dir Bilder zeigen, die alle dir gehören.

Bist du mit dem Bild, das dir der Spiegel des Lebens zeigt,
nicht in Liebe verbunden, so erhebe dich und fühle dich frei und

ermächtigt, dieses Spiegelbild zu wandeln – aus deiner inneren Kraft und Wahl heraus, anders handeln zu können. Doch nimm auch die dunkleren Bilder ohne Angst und Urteil an, auch sie sind ein Teil von dir, der in dir entdeckt werden will und der nur in deinen liebevollen Herzensarmen heilen kann.

Du hast so viele wunderbare Bilder in dir, die dem Spiegel gezeigt werden wollen und sich dir somit wieder schenken … Das Universum ist ein Geheimnis ohne Grenzen – und du bist es, der die Schätze dieses Geheimnisses erfährt – an Leib und Seele – dies ist euch auf Erden geschenkt. Schau immer tiefer und tiefer in dieses Spiegelbild, das »dein Außen« heißt. Schau hinter die Illusion, so lange bis du tief in dir ankommst …

Ein großes Geschenk ist dir mit diesem Spiegelblick gegeben – im Außen das Innen zu erleben – in Welten zu sehen, die in dir entstehen. Man muss nur den Blickwinkel ab und an drehen, um das Entstehen des Bildes zu sehen.

Was die Situation, das äußere Bild mit deiner Innenwelt macht – darauf sei bedacht. Und wenn das Gefühl, das in dir entsteht, der Liebe bedarf, dann handle und wandle, bis dass der Blick dich nicht mehr bedrückt und dich aus deiner liebevoll ruhenden Mitte rückt.

Wesen
des Engels des Spiegelblicks

Ich bin der Engel des Spiegelblicks, mein Wesen ist ein Sichspiegeln und -finden.

Im Inneren findet sich das äußere Spiegelbild in der Welt der Gefühle wieder. Betrachte den Spiegel der Gefühle mehr als das Bild im Außen, denn das Innere bist du selbst. Und nur im Inneren kannst du das Außen verändern. Ich schenke dir Klarheit und Wahrheit. Du kannst alles in jedem Augenblick ändern. Im Herzen liegt der Schlüssel, der alle Gefühle heilen lässt und so auch das Spiegelbild im Außen verändert – weil alles, was innen geheilt ist, nicht mehr angesehen werden muss. So blicke stets nach innen – denn dort liegen deine Wahrheit und der Schlüssel zum Glück.

Gebet
zum Engel des Spiegelblicks

Lieber Engel des Spiegelblicks, ich öffne dir mein Herz und bitte dich darum, mich mit der Energie des Spiegelblicks, in der ich mit dir eins bin, zu erfüllen. Erlöse alles in mir, was in mir noch deines Licht bedarf, damit ich durch deinen Blick meine Wahrheit im Innen finden und erlösen kann, was zu erlösen ist.

Begegnung
mit dem Engel des Spiegelblicks

Setze oder lege dich bequem hin und finde dich in deinem Atem wieder. Sei ganz bei dir – alle Geräusche, die um dich herum sind, sind gleichgültig. Nur du bist wichtig, nur dein Atem, der ruhig und gleichmäßig fließt, ohne dass du etwas dazu beiträgst – denn Gott atmet dich ... ein und aus ... ganz tief ... ruhig ... und regelmäßig ...

Spüre dein Gehaltensein von der Unterlage, auf der du dich befindest. Diese Sicherheit des Gehaltenseins, die Sicherheit durch den Boden unter dir, die Sicherheit durch das Wissen, dass du dich fallen lassen kannst, das ist der Klang des Urvertrauens – spüre ihn und atme diesen ein ... dankbar für das Wissen, dass du gehalten bist und dich fallen lassen kannst in Gottes Hand. Spüre die Liebe deines Engels für dich und nimm sie an mit den Worten: »Ich liebe mich!« Denn nur wenn du dich in Liebe öffnest, kann seine Liebe dich berühren ...

In dieser Liebe wurde ein Spiegel für dich erschaffen, und du kannst die Welt für diesen Moment als sprechenden Spiegel erfahren.

Du erfährst, wie alles, was im Außen ist, zu dir spricht. Jedes Bild des Spiegels weckt in dir Gefühle, die deine Innenwelt spiegeln und dir so zeigen, wo du noch nicht in deiner Mitte bist – du fühlst es. Beobachte für einen Moment die Bilder und lausche den Dingen, wie sie zu dir sprechen ... Bei jedem Gefühl, bei allem, was in dir ausgelöst wird, gehst du in dich und nimmst es bewusst wahr – nimmst es in dir an – nimmst dich an – in dem Wissen, dass alles nur in deinem liebenden Herzen heilen kann. Du atmest durch und fühlst die Freiheit, die diese Annahme mit sich bringt. Und immer mehr wirst du in deiner Mitte ankommen ...

Dann siehst du einen wundervollen Paradiesvogel im Spiegelbild, seine Schönheit berührt dich im Herzen und du erfährst die Worte:

»So sehr, wie ich dir gefalle, so schön strahlt es aus deiner Innenwelt.
Denn du kannst für mich nur das empfinden, was du in dir fühlst und bist.«

Du atmest tief durch und wirst dir des Rätsels des Spiegelblicks langsam bewusst. Das Außen will dein Innen ins Gleichgewicht bringen – will Schattenseiten ins Licht rücken. Lass dich leiten vom Spiegel und sieh nach innen.

Öffne dann deine Augen und spüre deine Hände und Füße. Spüre, wie sie den Boden berühren und fest mit ihm verbunden sind.

Der Weg führt stets nach innen – und im Innen wird das Außen geboren. Alles, was dir das Außen zeigt, ist ein Bild – in reiner Liebe und zu deinem Besten gemalt – denn nur so kannst du erkennen, wo deine Wunden sind, die in der Innenwelt der Heilung bedürfen – durch Annahme im Herzen.

Poesie
aus der Verbindung mit dem Engel des Spiegelblicks

Der Spiegelblick

Ich sehe die unendliche Weite einer Landschaft
und frage mich,
ob es in mir wohl auch so unendlich weit ist –
so weit, dass man Anfang und Ende vergisst ...

Ich sehe die prachtvollen Blüten der Pflanzen
und frage mich,
ob es in mir wohl auch so grünt und blüht –
so sehr, dass einem vor Schönheit das Herzensauge glüht ...

Ich sehe die Wellen des Meeres –
ihr Kommen und Gehen – und frage mich,
ob es denn in mir auch ein Werden und Vergehen ist –
so sanft und sicher, dass man aus Vertrauen um das
Wiederkommen das Vergehende niemals vermisst ...

Ich sehe die Sonne, die Wolken, die Vögel im Wind
und frage mich,
ob die Sonne in mir, vereint mit dem Wind in mir und der
Leichtigkeit der Vögel in mir, auch die Kraft hat, die
dunklen Wolken in mir an andere Orte zu treiben –
so vereint und kraftvoll hauchend, dass nur noch weiße Wolken an meinem Herzenshimmel bleiben ...

Ich sehe lachende Menschen und frage mich,
ob dieses Lachen auch in mir ist,
wenn mein Gesicht gerade einmal nicht lacht –
so ewiglich dem Quell entspringend und zu mir singend, dass
es mein Leben einfach lächelnd macht ...

Für alles, was ich hier sehe, empfinde ich Liebe ...

Und alles, wofür ich Liebe empfinde, ist erfüllt von mir, von
meiner Liebe in jedem Augenblick ...

Wenn also ich in jenem bin, so wird auch jenes in mir sein ...

Und langsam wird mir eines klar:
All das Geliebte im Außen ist auch in mir –
ich muss es nur lieben und in mich blicken – so ward
der Spiegelblick von nun an wandelbar ...

Die Liebe allein vermag, die verborgene Welt zu finden ... Sie
ist, wo sie ist, was sie ist – sie wird niemals entschwinden ...

Affirmation

Ich erkenne im Außen meine Innenwelt –
und ich lerne, mich liebend in meiner Mitte zu finden.

Der Engel des Glaubens und Vertrauens

Thema

- Glaube ich aus tiefstem Herzen?
- Bin ich stets auf der Suche nach Beweisen, um mir einen tiefen Glauben zu erlauben?
- Vertraue ich in die Kraft der Liebe?
- Schenke ich mir die Freiheit des Herzens, im Glauben an Gottes Kraft zu leben?
- Machen mir Zweifel zu schaffen – bin ich verzweifelt?

Botschaft
des Engels des Glaubens und Vertrauens

Geliebte Seele,
Glauben und Vertrauen sind ein göttliches Geschwisterpaar, das segensreiche Wege weist. Wer glaubt und vertraut, der lebt mit offenen Herzenstoren und lässt sich führen von meinen himmlischen Kräften, die wiederum durch die Herzensöffnung Einzug halten.

Glaube das, was dein Herz dir erzählt – glaube an die Erfüllung alles Lichtvollen in deinem Leben, und vertraue mit Hingabe diesem himmlischen Gefühl ... Alles, was dir und deinem Seelenplan dienlich ist, wird sich im Wirken meines Lichtes aus Glauben und Vertrauen fügen.

Wenn das Licht aus Glauben und Vertrauen im Herzen entfacht ist, dann zieht Frieden ein, und es ist Raum für die Energien der himmlischen Erfüllung. Auf diesem Herzensboden entsteht die Kraft, die alles möglich macht. Einem Glaubenden, der im Vertrauen lebt, eröffnen sich neue Wege, neue Sichtweisen, neue Möglichkeiten – einfach alles, dessen es bedarf, um den erfühlten Wunsch zu erreichen ... Denn du hast gewählt – und diese Wahl in Glauben und Vertrauen gekleidet ...

»Du findest in deinem Herzen einen Schlüssel.
Es ist der Schlüssel zum Ziel.
Die Tür zu finden, zu der er gehört,

ist nicht schwer und auch nicht leicht.
Es bedarf eines Wunsches –
den man innerlich fühlbar schon jetzt erreicht.
Diesen im Inneren ganz klar zu schauen –
in einem Herzen voller Gauben und Vertrauen.«

Zweifle nicht, geliebte Seele, du hast in deinem Herzen, was du zum Weiterkommen brauchst. Dein Glaube wird dir immer helfen. Seine Kraft kann Wasser zu Nektar und dürre Böden in Blumenwiesen verwandeln. Wenn du nur wirklich glaubst und vertraust, dann wirst du sehen, was ich sage. Sei geführt und gesegnet von meinem Licht.

Wesen
des Engels des Glaubens und Vertrauens

*I*ch bin der Engel des Glaubens und Vertrauens. Mein Wesen ist ein hoffnungsvoll wissendes Strahlen. Dem Herzen des glaubenden und vertrauenden Menschen schenke ich mein Licht und öffne den himmlischen Kräften den Weg. Ein Nebel von Zweifel und Angst lässt meine Kraft sich nicht ganz entfalten. Doch dort, wo nur der kleinste Same meines Wesens keimt, werde ich stärker und stärker – mit jedem Funken, den das Herz mir im Glauben und Vertrauen schenkt – Glaube und Vertrauen auf die Kraft der Liebe.

Gebot
zum Engel des Glaubens und Vertrauens

Lieber Engel des Glaubens und Vertrauens, ich öffne dir mein Herz und bitte dich darum, mich mit der Energie des Glaubens und Vertrauens, in der ich mit dir eins bin, zu erfüllen.

Erlöse alles in mir, was in mir noch deines Lichtes bedarf, um mit dir und durch dich an die Kraft der Liebe zu glauben und auf sie zu vertrauen. Lass in unserer Verbindung die himmlischen Kräfte in mich einziehen und in mir wirken.

Begegnung
mit dem Engel des Glaubens und Vertrauens

Setze oder lege dich bequem hin und finde dich in deinem Atem wieder. Sei ganz bei dir – alle Geräusche, die um dich herum sind, sind gleichgültig. Nur du bist wichtig, nur dein Atem, der ruhig und gleichmäßig fließt, ohne dass du etwas dazu beiträgst – denn Gott atmet dich ... ein und aus ... ganz tief ... ruhig ... und regelmäßig ...

Spüre dein Gehaltensein von der Unterlage, auf der du dich befindest. Diese Sicherheit des Gehaltenseins, die Sicherheit durch den Boden unter dir, die Sicherheit durch das Wissen, dass du dich fallen lassen kannst, das ist der Klang des Urvertrauens – spüre ihn und atme diesen ein ... dankbar für das Wissen, dass du gehalten bist und dich fallen lassen kannst in Gottes Hand. Spüre die Liebe deines Engels für dich und nimm sie an mit den Worten: »Ich liebe mich!« Denn nur wenn du dich in Liebe öffnest, kann seine Liebe dich berühren ...

Sieh dich nun als Kind ... Du bist ausgelassen und unbefangen und springst von einer kleinen Stufe in die Arme Gottes – ganz spontan, so wie Kinder es oft machen – und er fängt dich mit seinen starken und liebenden Armen auf. Du wusstest das – das nennt man Glauben und Vertrauen. Genieße dieses Gefühl, in dem du wahrnimmst, wie sich Glauben und Vertrauen in die liebenden Hände Gottes anfühlt. Wie es sich anfühlt, nicht nur zu glauben, sondern zu wissen, dass er da ist, wenn man ihn braucht. Atme in diesem Gefühl und wisse: In diesem Gefühl möchte ich von nun an leben.

Begegne mir und meiner Energie in allen Gebeten und Anliegen – ich werde dich und deine Bitten halten – so wie Gottes vertrauensvoller und schützender Arm.

Öffne deine Augen und spüre deine Hände und Füße. Spüre, wie sie den Boden berühren und fest mit ihm verbunden sind.

Glaube, vertraue und wisse – für dich ist gesorgt.

Poesie
aus der Verbindung mit dem Engel des Glaubens und Vertrauens

Glaube und vertraue

Dir allein ist's überlassen,
ob du annimmst das Geschenk.

Mancher kann es gar nicht fassen,
doch du bist's wert – nur das bedenk.

Zu jeder Zeit, zu jeder Tat,
gibt dir Gottvater seinen Rat.

Du kannst ihn spüren – hör in dich rein,
so kannst du immer glücklich sein.

Aus jedem Dunkel wird ein Licht.
Aus jedem Schicksal ein Gedicht.

Vertraue Gott, öffne dein Herz
und spüre, wie verweht dein Schmerz.

Man kann's mit Worten nicht beschreiben,
welch göttlich Gutes uns geschieht.

Wenn wir auf diesem Wege bleiben,
ein jeder doch die Wunder sieht.

Das Gute soll die Welt verändern,
so wie's in vielen Träumen ist.

Man muss nicht mehr durchs Leben schlendern,
und keiner Gottvater vermisst,
weil alle wissen, Er ist hier –
bei dir, bei euch und auch bei mir.

So geb ich dir den guten Rat:
Setz um das Gute in die Tat,
nimm an, was Gott für dich bestimmt,
und du wirst glücklich – ganz bestimmt!

Er will wenig von dir haben
für die göttlich guten Gaben.

Einfach nur auf Gutes bauen
und ihm felsenfest vertrauen.

Doch eines noch zum Schluss,
was ich dir sagen muss:

Glauben lernen ist das Schwerste,
doch als Voraussetzung das Erste,
die Liebe leben setz dir als Ziel,
und du erreichst wahrhaftig viel!

Starke Hand »Vertrauen«

Vertrauen ist die starke Hand,
in der ich große Schätze fand.

Der Weg, auf dem ich mich zu ihr bewegte,
war voll von Steinen meiner Schattenwelt ...

Erst als ich ankam und mich restlos in sie legte,
hat sich jedem Schattenstein ein Licht hinzugesellt.

Zusammen mit den Lichtern traten sie an mich heran,
und ganz voller Vertrauen sah ich sie liebend an.

Ich sah in ihren Augen, dass sie schon lange flehen,
dass sie – von mir verloren – mich suchten, sie zu sehen.

Ich dachte an die Wege, wo ich sie vorher sah,
dort, wo ich fern von Himmel und fern von Vertrauen war.

Es waren nicht die Augen, in die ich damals blickte,
als ob mich durch Vertrauen erst ihr wahres Sein beglückte.

Von dieser Hand gehalten, war alles mir zum Wohle,
ich kann von nun an walten, wann ich den Schatten hole –
um in ihm zu erblicken, wo meine Seele weint.

Ich kann durch seine Hilfe schicken die Liebe,
die vereint die vielen Seelenteile, die ungeliebt geblieben,
als Schatten sie sich uns zeigen – so lang, bis wir sie lieben.

Affirmation

Ich glaube und vertraue auf Gottes Hilfe –
in allem bin ich von Gott geschützt und geleitet.

Der Engel des Dankes

- Bin ich dankbar?
- Danke ich dafür, was ich habe, oder klage ich über das, was ich nicht habe, aber meine zu brauchen?
- Für was, was ich mir wünsche zu erleben, könnte ich schon vorab danken – tue ich das?
- Was ist ein wundervolles Geschenk in meinem Leben, für das es Zeit wird, sich von ganzem Herzen zu bedanken?
- Bin ich mir der Kraft des Dankes bewusst?

Botschaft des Engels des Dankes

Geliebte Seele,
dort, wo dein Dank hinleuchtet, dort wirkt mein Licht. Danke ist ein Gebet. Danke ist ein Segen. Danke ist ein Geschenk. Der, der von Herzen dankt, der hat sich selbst beschenkt. Ach, könntet ihr nur sehen, was hinter der sichtbaren Welt in den Sphären des wahrnehmbaren Lichtes wirkt – viel öfter und aus ganzem Herzen würdet ihr danken – dafür, was ihr habt, und dafür, was ihr euch von ganzem Herzen sehnsüchtig wünscht. Denn Dank ist Erschaffen. Dank ist Beleben. Dank ist ein himmlischer Handschlag, um etwas wieder und wieder zu erfahren, um etwas aufzubauen. Mit dem Dank beginnt es zu werden – und mit dem Dank ist es gesegnet zu geschehen. Doch nicht ein leerer Dank birgt diese Kräfte, in denen ich mich dir so gerne schenke. Nur jener Dank ist erfüllt von mir, der fühlbar aus dem Herzen strahlt. Eine dankende Innenwelt ist gleich einem Garten aus Zauberrosen. Nur eine Nase voll Duft von ihren Knospen, der das Herz mit Liebe und Dank erfüllt, und im Garten entsteht ein Weg, der Erfüllung bringt. Atme im Dank. Allein durch die Kraft des dankenden und liebevollen Herzens wird sich die Energie des Dankes wieder und wieder verbreiten.

Wesen
des Engels des Dankes

*I*ch bin der Engel des Dankes, mein Wesen ist Lobpreis und Dank.

In der Welt der Dualität kann meine Energie alles erschaffen, was in ihr gewählt wird. Dort, wo das Herz den Dank wahrhaftig und innig ausspricht, dort ist das Gewünschte bereits erfüllt.

Die Energie des Dankes ist der des Segens gleich. Danke aus vollstem Herzen für alles, was dir lieb ist – so erbaust du Orte, die des gleichen Dankes würdig sind. Meine Kräfte werden deinen Dank, der aus erfülltem Herzen kommt, unaufhörlich als wahrhaftige Erfahrung in deinem Wahrnehmungsfeld erschaffen.

Gebet
zum Engel des Dankes

*L*ieber Engel des Dankes, ich öffne dir mein Herz und bitte dich darum, mich mit der Energie des Dankes, in der ich eins mit dir bin, zu erfüllen. Erlöse alles in mir, was in mir noch deines Lichtes bedarf, um mit dir und durch dich für alles zu danken, was ich habe und liebe und was mir zu erfahren am Herzen liegt.

Begegnung
mit dem Engel des Dankes

Setze oder lege dich bequem hin und finde dich in deinem Atem wieder. Sei ganz bei dir – alle Geräusche, die um dich herum sind, sind gleichgültig. Nur du bist wichtig, nur dein Atem, der ruhig und gleichmäßig fließt, ohne dass du etwas dazu beiträgst – denn Gott atmet dich ... ein und aus ... ganz tief ... ruhig ... und regelmäßig ...

Spüre dein Gehaltensein von der Unterlage, auf der du dich befindest. Diese Sicherheit des Gehaltenseins, die Sicherheit durch den Boden unter dir, die Sicherheit durch das Wissen, dass du dich fallen lassen kannst, das ist der Klang des Urvertrauens – spüre ihn und atme diesen ein ... dankbar für das Wissen, dass du gehalten bist und dich fallen lassen kannst in Gottes Hand.

Spüre die Liebe deines Engels für dich, und nimm sie an mit den Worten: »Ich liebe mich!« Denn nur wenn du dich in Liebe öffnest, kann seine Liebe dich berühren ... Dann denke an all das, was du hast und wofür du danken kannst, und an das, was du dir für ein erfülltes Leben wünschst, was gut für dich und dein Leben ist ... Danke für all jenes – auch für die Erfüllung der Wünsche.

Aus allem Dank formen sich Geschenke, die sich als lichtvolle Sterne auf deine Wege legen und dir zum Segen gereichen. Auch legen sich die Sterne wie ein Segenslicht um jene Dinge, die du hast und denen dein Dank gilt.

Du fühlst den wirkenden Segen des dankenden Lichtes. Zur rechten Zeit und am rechten Ort wirst du die Sterne ernten. Du spürst eine tiefe Freude und großen innigen Dank für diesen Reichtum, in dem du leuchtest und lebst. Du sagst aus vollem Herzen DANKE, DANKE, DANKE!

Dann öffne wieder deine Augen und spüre deine Hände und Füße. Spüre, wie sie den Boden berühren und fest mit ihm verbunden sind.

Das Licht des Dankes erfüllt dich immer mehr. Danke für den Segen des Dankes!

Poesie
aus der Verbindung mit dem Engel des Dankes

Dank sei dir

Dank sei dir,
deinem Lachen, deinem Leben.

Dank sei dir,
deinem Können, deinem Streben.

Dank sei dir,
deinem Handeln, deinem Tun.

Dank sei dir,
deinem Fortschritt und deinem Ruhn.

Dank sei dir,
deinem Singen, deinem Lauschen.

Dank sei dir,
deinem Nehmen, deinem Tauschen.

Dank sei dir,
deinem Stehen, deinem Wehen.

Dank sei dir,
deiner Beständigkeit und deinem Drehen.

Dank sei dir,
deiner Tiefe, deiner Höhe.

Dank sei dir
sowie dem, was ich tasten kann, und dem, was ich sehe.

Dank sei dir,
der du bei mir bist und in mir.

Dank sei dir,
weil ich in dir bin, und dies gibt Wärme, wenn ich frier.

Dank sei dir,
deinem Leiten, deinem Lenken.

Dank sei dir,
deinem Wissen, fern vom Denken.

Dank sei dir,
deinem Rhythmus, deinem Taktgefühl.
Dank sei dir
für die Anmut und dies herrlich bunte Lebensspiel.

Der Dank im Schattenwirken

So nehm ich dankbar an,
was mich zutiefst erschüttert.
Denn nur der danken kann,
auch wenn der Leib schon zittert,
kann die Verwandlung sehn,
die im Verborgnen liegt.
Kann wie auf Wolken gehen,
bis dass das Licht dann siegt.
So nehm ich dankbar an,
was mich zutiefst erschüttert.
Was sich verändern kann,
wenn man den Sinn nur wittert.
Es ist der große Plan,
der hinter allem steckt!
Komm – fang zu sehen an,
hast du's noch nicht entdeckt?
Es ist die Wahl zu wählen,
was dir das Leben bringt.

Sollst nicht die Schatten zählen,
wenn schon der Sieg dir winkt.

Entscheidung ist es deine,
denn du allein bestimmst,
ob du behältst das eine
oder das andere nimmst.

Doch wenn du dankst von Herzen,
dem was dir wehgetan,
beginnt in dir die Wandlung,
du fängst zu heilen an.

Wenn nicht die Nacht da ist,
kann man die Stern nicht sehn.

Nur wenn es dunkel ist,
kannst du zum Lichte gehn.

Es wird dir dann bewusst,
wenn du die Wahl getroffen,
dass, was auch je geschieht,
dir jeder Weg steht offen.

Danke ist das Zauberwort,
sagte der Engel
und war fort.

Affirmation

Ich danke von Herzen für alles, was mir lieb ist.
Und ich danke für die Erfüllung
meiner lichtvollen Wünsche
und öffne ihnen so den Weg zu mir.

Der Engel des Verzeihens

Thema

- Welche Gefühle in mir wollen geheilt werden?
- Bin ich nachtragend?
- Hängt Ärger oder gar Wut in meiner Gefühlswelt fest und will erlöst werden?
- Bin ich oder mein inneres Kind verletzt worden, und habe ich dies verdrängt?
- Habe ich selbst verletzt und verzeihe ich mir dafür selbst nicht?
- Denke ich, dass Gott mich bestraft und mir nicht verzeiht?

Botschaft
des Engels des Verzeihens

Geliebte Seele,

das Licht des Verzeihens löst alte Wunden und Verstrickungen. Doch auch Wunden, die nicht so tief verborgen sind, finden im Licht des Verzeihens ihre Heilung. Mein Licht strahlt in der dreifachen Vergebung in seinem vollkommenen Schein. Im Geiste und im liebevollen Herzen bitte alle um Verzeihung. Verzeihe du selbst allen Menschen, und verzeihe dir selbst für alles, was das Licht meiner Energie benötigt. Im Wirken meiner erlösenden Kraft finden sich die Teile wieder und erkennen sich im Licht des Verzeihens. Altes kann heilen und neu beginnen.

Die Welt, in die ich blicke und die mein Wesen braucht, um ganz zu werden in Gott, lässt mich erfahren, dass immer mehr Seelen wählen, sich in meinem Licht des Verzeihens zu erfahren. Dies ist so wundervoll. Verzeihe allem und jedem von ganzem Herzen. Vor allem aber dir selbst. Verzeihung ist Heilung auf einer Ebene, die weiter reicht, als du dir jemals vorstellen könntest. Halte nicht aus Stolz oder falschem Ego an verletzten Gefühlen fest – du bindest diesen Schatten nur an dich. Verzeihe – und lasse alles in diesem Verzeihen heilen. Alles ist dir verziehen – in dem Augenblick, in dem du dir verzeihst.

Wisse, das mein Licht deiner Wahl bedarf. Wähle mich, um alle Wunden heilen zu lassen und dich und andere zu befreien aus alten Verstrickungen. Verzeihe dir selbst – Gottes Licht ist mit dir.

Wesen
des Engels des Verzeihens

Ich bin der Engel des Verzeihens.
Mein Wesen ist erlösendes und befreiendes Licht. Wo ich leuchte, werden Wunden geheilt – ja, ganze Seelengruppen feiern das Strahlen meines befreienden Lichtes. Nur wo das Herz in Ärger und Wut verweilt, kann ich mich nicht schenken ... doch würde ich es so gerne. Lass alle Gefühle, die Verzeihung noch blockieren, los. Verzeihe allen alles, was sie getan haben – bewusst oder unbewusst. Bitte alle um Verzeihung für das, was du getan hast – bewusst oder unbewusst. Und verzeihe dir selbst für das, was du getan hast – bewusst oder unbewusst. Gott verzeiht dir und allen anderen – denn in ihm und mit ihm bin ich das Licht des Verzeihens und erlöse dort, wo mir die Herzen geöffnet werden und die Gefühle im Licht meiner Kraft heilen.

Gebet
zum Engel des Verzeihens

Lieber Engel des Verzeihens, ich öffne dir mein Herz und bitte dich, mich mit der Energie des Verzeihens, in der ich eins bin mit dir, zu erfüllen. Erlöse alles in mir, was noch deines Lichtes bedarf, um mit dir und durch dich zu verzeihen und zu heilen, was der verzeihenden Heilung bedarf.

Begegnung
mit dem Engel des Verzeihens

Setze oder lege dich bequem hin und finde dich in deinem Atem wieder. Sei ganz bei dir – alle Geräusche, die um dich herum sind, sind gleichgültig. Nur du bist wichtig, nur dein Atem, der ruhig und gleichmäßig fließt, ohne dass du etwas dazu beiträgst – denn Gott atmet dich … ein und aus … ganz tief … ruhig … und regelmäßig …

Spüre dein Gehaltensein von der Unterlage, auf der du dich befindest. Diese Sicherheit des Gehaltenseins, die Sicherheit durch den Boden unter dir, die Sicherheit durch das Wissen, dass du dich fallen lassen kannst, das ist der Klang des Urvertrauens – spüre ihn und atme diesen ein … dankbar für das Wissen, dass du gehalten bist und dich fallen lassen kannst in Gottes Hand.

Spüre die Liebe deines Engels für dich, und nimm sie an mit den Worten: »Ich liebe mich!«

Denn nur wenn du dich in Liebe öffnest, kann seine Liebe dich berühren ... Liebe ist der Schlüssel – sie öffnet die Tür zur Himmelswelt. Sie öffnet die Tür zum Herzen und macht den himmlischen Kräften die Tore weit.

Beobachte nun im Geiste zwei zankende Vögel und wie sie sich nach dem Streit wieder friedlich aneinanderkuscheln und sich in ihrem Nest wiegen – sie erkennen keinen Sinn darin, im Streit zu verweilen. Schließe du ebenso noch offene Streitigkeiten in dir ab. Falls es dir besser geht, dann schreie die betroffene Person in Gedanken noch einmal richtig an, und wenn es dir möglich ist, dann reiche ihr danach die Hand oder umarme sie zum Zeichen der Versöhnung. Stelle gedanklich zwischen dich und die Person ein großes Lichtkreuz. Die gebundenen Energien sind nun gelöst.

Fühle nach ... Ist alles gelöst? Gib dir Zeit dafür. Habe Geduld mit dir selbst. Erfahre jedoch in dir immer wieder aufs Neue, wie sich das Licht des Verzeihens anfühlt. Wie die Transformation im Licht des Verzeihens befreiend wirkt. Das bringt dich und alle Beteiligten in wundersame Sphären der Heilung.

Öffne dann deine Augen und spüre deine Hände und Füße. Spüre, wie sie den Boden berühren und fest mit ihm verbunden sind.

Das Licht des Verzeihens möge in dir und durch dich wirken. Verzeihe und befreie so dich und alle Beteiligten.

Es liegt großer Segen im Verzeihen.

Poesie
aus der Verbindung mit dem Engel des Verzeihens

»Das ewige Jetzt«

Im Jetzt zu sein, in diesem wunderbaren Moment,
der weder Zeit noch Grenzen kennt.

Im Jetzt zu leben – einfach »an.zu.kommen« …
nicht zerrissen, da und dort …

Zwar scheinbar hier, doch fort –
und durch das Fehlen all dieser Teile,
mit denen ich im Da und Dort verweile,
ist's so wie durch des Weines Kraft,
die mein Geist jedoch hier selbst erschafft.

Zum einen in mir flatterhaft,
und doch fühl ich mich vom Wehen
meines Selbst benommen.

Vernunft unsagbar weit entfernt – Zukunft
und Vergangenheit –
sind eins – etwas – was Vernunft nie lernt …

Fang nun an, mich selbst zu finden,
wo meine Teile sich in Altem, Unerlöstem winden –
da bleib ich dann kurz stehen,
um es anzusehen und zu verstehen –
das, was einst war –

und ist's mir klar –
dann kann ich weitergehen ...
bis ich wieder einen Teil von mir finde,
den ich durch Hinsehen und Verstehen
mir an meine oft verspielten, kindlich
zarten Ärmchen binde.

Immer klarer wird mein Blick,
bald sehe ich weder nach vorne
noch ins vermeintliche Zurück.

Und wie weh sie mir auch taten,
verwundet und verraten –
jedem Teil, der mir erschien,
hab ich von Herzen gern verzieh'n.

Denn Stück für Stück habe ich mich ganz gefunden.
Nun, wo ich alles endlich wiederhabe,
kann ich sagen:
«Ich liebe jede meiner Wunden!»

Affirmation

Ich verzeihe allen.
Ich bitte alle um Verzeihung.
Und ich verzeihe mir selbst.
Gott entzündet in meinem Herzen
das Licht der Vergebung.

Worte zum Ausklang

Die Liebe ...

Sie ist eine unsagbar feine, edle, kraftvolle Energie,
die mit ihren Schwingen den aufbrausendsten Ozean
mit nur einem Hauch bändigt.

Die Liebe ist die Sprache der Himmelswelt, in der sich die
Wesenheiten des ganzen Kosmos im ewig fließenden Jetzt
verständigen.

Liebeswesen und Lichtwesen – auch Engel genannt –
werden an ihren Schwingungen im Kosmos erkannt.

Rufe ihren Namen mit deinem Herzen in lauter
Sehnsucht aus.

Sie werden da sein – denn dann ist auch
dein Herz ihr Zuhaus'.

Die Kleider der Engel in all ihrem Schein,
werden dann auch die Kleider deines Herzens sein.

Lebe im Vertrauen in die Kraft der Liebe ...

In Liebe, Bernadette Saphira

Über die Autorin

Bernadette Saphira Huber, in Bayern geboren und dort heute noch verwurzelt, ist ausgebildete Entspannungspädagogin und schreibt als sensitives Medium für Kinder und für Erwachsene. Der klare Kontakt zur geistigen Welt, der sie seit ihrer Kindheit mit lichtvollen Botschaften begleitet, erlaubt es ihr, andere Menschen durch Kreativität heilsam zu berühren. Als Coach, in Einzelgesprächen oder energetischen Heilsitzungen, begleitet sie Menschen durch positive Impulse auf ihrem Weg ins Urvertrauen bis hin zum tieferen Verständnis des Lebenssinns.

Weitere Informationen: www.bernadettes-dichterlichter.de

Weiterführende Informationen zu
Büchern, Autoren und den Aktivitäten
des Silberschnur Verlages erhalten Sie unter:
www.silberschnur.de

Natürlich können Sie uns auch gerne den
Antwort-Coupon aus dem beiliegenden
Lesezeichenflyer zusenden.

Ihr Interesse wird belohnt!

40 Seiten, Hardcover-Buch im CD Format, mit CD, ca. 60 Minuten
ISBN 978-3-89845-478-0
€ [D] ca. 14,95

Bernadette Saphira Huber

In 7 Tagen zum Urvertrauen
Heilsame Stimmen aus dem Seelenlicht

Tauche ein in das Licht deiner Seele!
Höre und spüre die himmlischen Wegweiser dieser wundervollen Heilreise zu dir selbst.
Getragen von lichtvollen Klängen erfährst du sieben heilsame Botschaften der Engel des Urvertrauens. Die sensitive Autorin Bernadette Saphira Huber verbindet auf dieser CD Botschaften voller Trost und Liebe mit praktischen Übungen, damit du jeden Tag mehr in das Licht der Seele eintauchst und dein Körper, dein Geist und deine Seele erstrahlen im Segen des Urvertrauens.

160 Seiten, durch. farbig, Flexocover
ISBN 978-3-89845-432-2
€ [D] 14,95

Bernadette Saphira Huber

Mein Engel beschützt mich
Fantasievolle Gebete für Kinder

Ein fantasievolles Gebetbuch für Kinder
Die kleine Luna erzählt, wie sie Hilfe bei ihrem Engel und Gott findet und warum es ihr viel Freude macht zu beten. Kinder erfahren in diesem wunderbaren Gebetbuch, wie viel sie mit einem offenen, vertrauenden Herzen bewirken können und wie beschützt sie von ihrem immer anwesenden Schutzengel sind.
Bernadette Saphira Huber hat einzigartig poetische Gebete für Kinder und wunderschöne Illustrationen entstehen lassen, mit denen jedem Kind Beten Spaß macht!

256 Seiten, broschiert
ISBN 978-3-89845-325-7
€ [D] 14,90

Gabriele Weck

Entdecke den Engel in dir

Dieses außergewöhnliche und spannende Engelbuch zeigt, wie einfach es sein kann, die Leichtigkeit in sich selbst wiederzufinden. Eigentlich existieren viele Probleme nur, weil man sich nicht vorstellen kann, dass es eine simple Lösung gibt.

Mit vielen Praxisbeispielen, Erfahrungsberichten und Übungen führt dieses Buch dich dahin, Leichtigkeit und Schwung zu tanken und darüber zu staunen, wie einfach und schön das Leben sein kann, wenn man wieder an sich selbst und an seine Impulse glaubt.

Der Engel in dir führt dich sicher wie ein Navigationssystem, so dass du deinen eigenen Weg zur Verwirklichung deiner Wünsche findest.

256 Seiten, Flexocover
ISBN 978-3-89845-434-6
€ [D] 16,95

Nadja Berger

Hellsicht, Medialität, Channeling
Mediale Fähigkeiten verstehen und anwenden

Wie Medialität Ihr Leben bereichern kann
Nadja Berger macht Sie mit der Kunst der medialen Wahrnehmung und Kommunikation vertraut und begleitet Sie dabei, diese zu erkunden und auszuüben. Viele praktische Anleitungen und Übungen zur Schulung eigener sensitiver Fähigkeiten helfen Ihnen, Grenzen zu überschreiten, die einem normalerweise gegeben sind, und Dinge zu überschauen, die man aus der alltäglichen Position heraus nicht wahrnehmen kann.

Entdecken Sie Ihre medialen Fähigkeiten, stärken Sie Ihre Intuition und begegnen Sie Ihren geistigen Helfern! Dieses Buch macht es möglich.

120 Seiten, broschiert
ISBN 978-3-89845-435-3
€ [D] 12,95

Corinna Thiel

Die weibliche Urkraft wiedererwecken

Entdecken Sie Ihre Kraft!
Dieses Buch begleitet Frauen, die sich auf den Weg der eigenverantwortlichen Entwicklung gemacht haben, die Änderungen in ihrem Leben und Alltag vollziehen möchten, um sich ein glücklicheres, erfüllteres Dasein zu schaffen.
Um diese Frauen zu stärken, hat Corinna Thiel die Botschaften weiblicher Göttinnen und weiblicher Engelenergien empfangen – Botschaften, die tiefe Wahrheiten des weiblichen Seins an die Oberfläche bringen, um gehört, beachtet und gelebt zu werden.
Mithilfe dieser Energien finden Sie zu Ihrer eigenen weiblichen Kraft zurück, liebevoll gefördert und angeleitet durch die Hüterinnen des ursprünglichen Wissens einer jeden Frau.

152 Seiten, mit Abbildungen,
4-fbg., Klappenbroschur
ISBN 978-3-89845-437-7
€ [D] 14,95

Nathalie Bodin

Ho'oponopono

30 Formeln zur Lösung von Konflikten

Entdecken Sie Ho'oponopono ganz praktisch für Ihren Alltag. Nathalie Bodin konzentriert sich auf das Wesentliche im hawaiianischen Vergebungsritual: Die Lösung von Konflikten, wie dies in seinen historischen Anfängen der Fall war. Sie hat das ursprüngliche Ritual wiederaufgegriffen und an das moderne westliche Leben angepasst. Sie bringt uns Ho'oponopono nahe, indem sie uns an 30 alltäglichen Situationen zeigt, wie wir Konflikte erfolgreich mit der Energie des Verzeihens und des Reinigens auflösen können.
Entdecken Sie Weisheit des Ho'oponopono, die auf jeden Konflikt auch in Ihrem Leben anwendbar ist!

216 Seiten, Klappenbr.
ISBN 978-3-89845-345-5
€ [D] 14,90

Sharon Salzberg

Das Handbuch der Achtsamkeit und Güte

Dieses Buch, das nicht umsonst auf den US-Bestsellerlisten stand, ist eine Einladung, mit Eigenschaften wie liebevoller Güte und Achtsamkeit zu experimentieren. Sicherlich kennen Sie Situationen, in denen Sie allmählich ungeduldig werden, wenn Sie beispielsweise versuchen, jemandem zu helfen, oder Sie ärgern sich über das laute Klingeln eines Handys ... Was wäre normalerweise Ihre erste Reaktion? Gelassenheit oder Groll?

Die Erfolgsautorin Sharon Salzberg zeigt dem Leser, wie wir für uns selbst und unsere Mitmenschen Güte und Achtsamkeit entwickeln können. Die im Buddhismus geschulte Autorin führt uns mit der sanften Stärke der Zuversicht und Inspiration auf den Weg zu einem Leben voller Freude und innerem Frieden.

192 Seiten, broschiert
ISBN 978-3-89845-392-9
€ [D] 14,95

Ines Witte

Lebe aus der Kraft deiner Mitte
Aufgestiegene Meister zeigen dir den Weg

Der Aufgestiegene Meister Konfuzius führt dich auf den Weg zu einem intensiven Kontakt mit dir selbst und zu einer inneren Balance, die dir Harmonie, Gelassenheit und Zufriedenheit schenkt.

Konfuzius hilft dir beim Erkennen des göttlichen Plans, beim Gewinn von Wissen und bei der Entfaltung deines eigenen Potenzials. Seine Channelings und Meditationen unterstützen dich darin, die Verbindung zur Kraft deiner Mitte wiederherzustellen und zu pflegen. So wirst du schon bald das Höhere Selbst als wissenden Ratgeber in dein alltägliches Leben einbeziehen.